LES AVANTURES

DE ***

OU

LES EFFETS

SURPRENANS

DE LA SYMPATHIE.

TOME QUATRIEME

PARIS,

Chez PIERRE PRAULT, à l'entrée du
Quay de Gêvres, du côté du Pont au
Change, au Paradis.

M. DCC. XIV.

Avec Approbation & Privilege du Roy

LES
AVANTURES
DE ***
OU
LES EFFETS
SURPRENANS
DE LA SYMPATHIE.

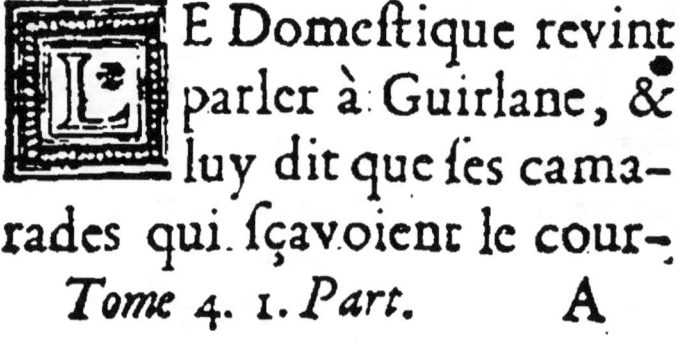E Domestique revint parler à Guirlane, & luy dit que ses camarades qui sçavoient le cour-

roux d'Hosbid estoient abusez autant qu'il le falloit, & pensoient que je serois empoisonné le soir même.

La nuit vint, le Domestique suivy du Jardinier entra dans ma chambre en tenant un gobelet remply du poison qu'il avoit preparé devant ses camarades, & me dit, Seigneur, ce gobelet vous montre ce qu'Hosbid avoit dessein de faire de vous, si la pitié que vostre sort m'a donné, ne m'eût engagé à vous sauver ; aprés ce discours il renversa le poison à terre, & ajoûta, je viens seulement pour vous avertir que cette nuit, quand tout le monde sera couché & endormy, je viendray accompagné de ce Payfan vous enlever de ce lieu ; je ne vous demande pour ma fûreté que de vouloir bien vous tenir caché chez luy un jour ou deux, Hofbid n'eft point icy, il ne doit revenir que demain, que fçait-on ? vous pourriez le rencontrer, & je ferois perdu. Je promis alors à cet homme tout ce qu'il voulut, & j'attendis avec impatience le moment de ma délivrance, méditant fur mon amour mille desseins confus, l'heure en arriva, le Domestique alla chercher le Paysan, ils entrerent dans ma chambre, & me dirent en parlant bas de les suivre; je le fis, la maison du Jardinier estoit prés de celle d'Hosbid, & j'y entray suivant la parole que j'en avois donnée à ce Domestique.

Le Jardinier me conduisit dans l'endroit dont il avoit parlé à cette Dame, & me laissant aprés; Seigneur, me dit-il, reposez-vous jusqu'à demain, que je vous apporteray dequoy manger, il sor-

DE ***

tit avec le Domeſtique qui revint dire à Guirlane qu'enfin elle n'avoit plus rien à craindre pour mes jours.

Cependant Hoſbid revint le lendemain matin de chez ſon amy; à peine entroit-il chez luy, qu'il demanda ce qu'on avoit fait de moy; il eſt expiré, Seigneur, luy dit ce Domeſtique; j'ay executé les ordres que vous m'aviez donné; je ſuis content, repartit Hoſbid, ma fille l'oubliera, & ne s'obſtinera plus déformais à me déſobéïr, & en diſant ces mots, il entra dans la chambre de Guirlane qui affecta d'estre mécontente qu'il m'ût fait mourir aû mépris de ses prieres ; l'ingrat ne le méritoit pas, répondit Hosbid, sa trahison, la mort qu'il a bien osé chez moy donner à l'époux que je destinois à ma fille, ne le rendoient-elles pas indigne d'une vie que j'avois bien veulu luy conserver ; oubliez cette mort, Madame, elle estoit necessaire, sans elle, ma fille auroit pû s'emporter à des extrémitez fâcheuses. Cependant Misrie restoit toûjours enfermée; on l'informa de ma fausse mort, sa douleur devint si dangereuse, qu'enfin elle allarma son pere à qui on vint rapporter qu'elle ne vouloit point manger, & qu'elle se mouroit.

A cette nouvelle, Hosbid fut au désespoir d'en avoir crû sa colere; il alla voir sa fille pour la calmer; il l'a trouva méconnoissable; cette beauté qui me l'avoit fait aimer estoit disparûë, la pâleur & la douleur la défiguroient entierement. Ce pere à cet aspect gémit, & eut souhaité de racheter ma vie de la sienne. Ah! disoit-il au Domestique qui avoit préparé mon poison, que tu aurois bien mieux fait de désobéir ! ces paroles luy échapperent si souvent que ce Domestique fut tenté de luy avoüer que je n'estois point mort; Misrie se mouroit, cruel, disoit ce pere, repens-toy maintenant à loisir d'un mouvement de vengeance injuste, Merville j'avois sauvé vos jours, ne devoient-ils pas m'estre respectables? quel mal avoit-il fait en aimant ma fille? Helas! l'infortuné ne la reconnoistroit plus, & la mort qu'il a souffert épargne à ses yeux l'horreur de voir

DE ***

mourir ce qu'il aime.

Il réiteroit si souvent ces lamentables plaintes, qu'enfin le Domestique sans en avertir Guirlane, résolut de détromper son Maître; il le vint trouver agité de son désespoir; il s'égaroit dans les allées de son jardin, & marchoit sans sçavoir ce qu'il faisoit. Seigneur, luy dit ce Domestique, va luy répondit Hosbid en l'interrompant, ne te présentes plus à mes yeux; sans ta funeste obéissance, ma fille ne seroit pas dans les bras de la mort, & Merville vivroit; si je l'avois sauvé ce

Merville, répondit-il peut-être m'ûſſiez-vous fait repentir de ma compaſſion. Ah! que mes ſentimens ſont changez, dit Hoſbid, la douleur de voir mourir à chaque inſtant ma fille, ſe joint au remords de l'action la plus barbare; mais Seigneur répondit le Domeſtique, vous ſeriez donc bien aiſe que Merville vive encore. Eh bien! conſolez-vous, il vit, & je puis vous le montrer en ce moment même. Ah Ciel! s'écria Hoſbid, que dis-tu là? où eſt-il? en quel lieu l'a tu mis? parle? courons-y de ce pas; ſuivez-

DE *** 11

moy, luy dit le Domestique.
A ces mots il conduit son
Maistre chez le Jardinier ; le
hazard voulut qu'il ne se
trouva pas alors chez luy. Le
Domestique qui n'y rencontra qu'un petit garçon, visite
avec son Maistre les deux
chambres en l'appellant ; il
entre enfin dans l'endroit où
il sçavoit que j'estois. Justes
Dieux ! quel spectacle pour
Hosbid qui me vit assis, &
Guirlane au prés de moy qui
venoit d'entrer, fondante en
larmes, du chagrin de me
voir partir, elle me disoit les
derniers adieux, & m'offroit

des bijoux de prix, qu'elle vouloit que je prisse pour me servir dans l'occasion.

A cette vûë Hosbid fit un cry, & tomba comme évanoüy entre les bras du Domestique ; ma surprise fut extrême comme vous le pouvez penser, Guirlanne de son côté épouvantée s'enfuit avec précipitation ; Hosbid fut longtemps comme sans connoissance soûtenu de son Domestique qui le remit sur une chaise. Le Jardinier arriva, & sur ces entrefaites, jugeant par l'évanoüissement d'Hosbid, que la chose estoit de conſequence, abbandonna ſa maiſon, muny de quelque argent que Guirlane luy avoit donné le jour d'auparavant. Cette Dame connoiſſant ſon mary, & n'eſperant point de pardon de luy, ſe hâta pendant ſon évanoüiſſement de courir chez elle, prit toute ſes pierreries, engagea le ſeul Domeſtique qui ſe trouvoit à la maiſon, (car ils eſtoient tous à leur ouvrage, & diſperſez) elle engagea, dis-je, ce Domeſtique à force d'argent, & par l'eſpoir d'une récompenſe conſiderable à prendre deux chevaux, & à partir avec elle. Cette fuite fut executée si promptement, qu'elle estoit loin avant que son mary se reconnut.

Pour moy dans ce desordre, je sortis de chez le Jardinier aussi, & ne pensay plus qu'à revoir Misrie. Je me hâtay donc de passer dans la maison d'Hosbid avant qu'il put y venir luy-même: Je vous ay dit que les Domestiques estoient dispersez.

Je parcourus tous les appartemens en appellant Misrie; je l'entendis qui s'écrioit. O Ciel! qu'entens-je? à sa voix, je jugeay de la chambre où elle estoit, j'y entray; que le changement où je la vis, me donnoit un éloquent témoignage de l'amour qu'elle me conservoit encore, quoyqu'elle me crut mort! je me jettay à ses genoux que j'embrassay avec des transports qui passent toute expression, nous sentîmes en ce moment tous deux tout ce que la surprise la plus douce, la douleur & la passion peuvent composer des mouvemens differens. En peu de mots je luy racontay toute mon avanture, & l'estat où estoient les choses.

Ah! Merville, aprés mon recit, s'écria-t'elle, puifque mon pere a pû fe déterminer à vous faire mourir pour m'avoir aimé; que ne fera-t'il point, quand il peut vous foupçonner d'avoir aimé Guirlane ? elle s'arrefta à ces mots, comme une perfonne qui médite un grand deffein. Ah! Madame, luy dis-je à mon tour, le Ciel apparamment approuve l'union de nos cœurs, profitons des momens qu'il nous donne pour la goûter toûjours; fuyons enfemble, donnez-moy vôtre foy. A ces mots tranf-
portez

portez d'amour, je tiray un anneau de mon doigt que je mis au sien ; & aprés les sermens les plus inviolables, je la priay & la pressay si tendrement de suivre son époux, qu'enfin nous sortîmes tous deux de la chambre, si-tost qu'elle se fut chargée d'un petite boëte dans laquelle estoient des pierreries ; j'ouvris une petite porte qui donnoit derriere la maison, & nous nous éloignâmes sans aucun obstacle avec une vitesse dont l'amour seul pouvoit rendre Misrie capable.

Il est inconcevable de comprendre le chemin que nous fimes, Misric & moy, dans l'espace de quelques heures ; la nuit qui nous surprit nous obligea d'arrêter dans une chaumiere où logeoit un vieillard avec sa femme ; ces bonnes gens nous reçûrent le mieux qu'ils pûrent ; j'inventay une fausse avanture que je leur dis ; nous leur demandâmes, s'ils ne pouvoient nous trouver des chevaux ; car Misric estoit si fatiguée qu'il n'y avoit pas d'apparence que nous pussions continuer nostre chemin, comme nous l'avions commencé. Le bon Vieillard nous dit qu'à moins d'attendre au lendemain, qu'il feroit difficile d'en avoir; mais que si nous voulions attendre, il envoyeroit le matin son fils avertir un homme qui demeuroit à un Village prochain, & qui en avoit a vendre; nous y consentîmes par necessité; mais le fils qui devoit arriver le soir chez son pere, ne vint point. Ce jeune Paysan estoit amoureux d'une fille qui demeuroit au Village où il travailloit ordinairement; à ce qu'il nous apprit, & son retardement leur fit penser qu'il pourroit bien passer la nuit dans ce Village avec quelqu'autre Paysans de son âge.

Quel contre-temps! il ne me présagea rien que de funeste; dans cet embarras qui allarmoit Misrie, je me déterminay à me déguiser moi-même en Paysan, ces bonnes gens me donnerent un habit; Misrie s'opposoit à mon dessein, mais je luy fis si bien comprendre que nôtre sûreté pouvoit dépendre d'une demy journée de plus, ou du moins ; que d'ailleurs mon déguifement me mettroit à couvert de tout accident, qu'elle confentit à mon deffein, quoyqu'à regret. Le lendemain matin inftruit par le vieillard de l'endroit où demeuroit celuy qui avoit des chevaux à vendre ; je partis en affûrant Mifrie qu'elle me reverroit dans quelqu'heures, quoyque je duffe paffer aprés avoir efté au Village dans une petite Ville prochaine dont le vieillard me dit auffi le chemin, & dans laquelle je devois acheter des habits d'homme à Mifrie qui en avoit besoin, & que le Paysan m'assûra que je trouverois.

Tous ces soins ne devoient consommer tout au plus que trois ou quatre heures de temps, & la crainte de perdre M... ie, m'engageoit à des précautions funestes que cette même crainte devoit m'empêcher de prendre moi-même, mais on ne peut éviter les accidens que le destin a résolus.

Pendant l'espace de ce temps que j'employois à mes desseins, cinq Cavaliers passerent, & comme ils avoient marché toute la nuit, ils s'arréterent pour se reposer dans la chaumiere où m'attendoit Misrie, elle trembla de la frayeur qu'elle eût, que ces hommes ne fussent envoyez par son pere, & qu'il ne fût luy-même du nombre; elle courût avec précipitation se cacher dans un petit bois qui estoit derriere la chaumiere; elle ne pût fuïr avec tant de promptitude, qu'un de ces Cavaliers qui entroit dans ce moment ne l'apperçût, lorsqu'elle sortoit de la chaumiere. Ah! Ciel, s'écria-t'il en Anglois; c'est elle-même. Aprés ces mots il courut dans le bois accompagné des autres qui eſtoient des gens à luy. Au cry que Miſrie entendit faire à cet inconnu, & à ſes paroles, elle ne douta plus que ſon pere n'eût envoyé courir aprés elle, les forces l'abbandonnerent, elle chancelle, tombe ; enfin le Cavalier Anglois ſuivy des ſiens arrive ; je ne me trompois pas, continua-t'il, c'eſt elle, les Dieux la rendent à mon amour, mais helas, dans quel état la retrouvay-je !

Aprés

Aprés ces mots qui firent comprendre à Misrie que ce Cavalier se trompoit; elle luy dit en Anglois d'une voix languissante, Seigneur, je ne suis point celle que vous cherchez, je ne vous vis jamais, & vos yeux vous abusent. Non, non, Madame, répondit-il, envain vous dites que vos yeux ne me virent jamais, vous me connoissez, & vous n'en estes pas moins celle que je cherche, & que j'aime; là-dessus il l'a releve, & malgré sa résistance, remonte à cheval avec ses gens, sans vouloir se reposer d'avantage & l'enléve, pendant que le vieillard & sa femme épouvantez n'osoient prononcer un seul mot.

Il faut maintenant que vous sçachiez que l'endroit où j'avois laissé Misrie estoit prés du rivage de la Mer; apparamment que l'inconnu qui enlevoit Misrie avoit ses raisons pour sortir d'Angleterre; car ayant esté informé par hazard en venant à la chaumiere, qu'un Vaisseau Marchand devoit partir le même jour pour porter des Marchandises dans une des

Isles appartenantes au Roy d'Angleterre; il prit le chemin du rivage, résolu d'y passer avec Misrie, si ce Vaisseau n'étoit point encore party. Je revenois alors de la Ville où j'avois acheté des habits; mon chemin me conduisit à celuy que tenoit l'inconnu; j'estois accompagné d'un jeune Paysan que j'avois pris pour conduire un des deux chevaux que l'homme auquel on m'avoit addressé, m'avoit vendus; avant que j'approchast de l'inconnu, je le vis de loin venir avec ses gens; les cris que ne cessoit de faire Misrie frapperent mes oreilles, ces cris quoy qu'entendus d'assez loin pour ne rien connoistre à la voix de celle qui les poussoit, m'interesserent cependant, & me remuerent jusqu'au fond du cœur ; je me hâtay d'avancer pour voir ce que c'étoit de plus prés ; que devins-je ! j'en frémis encore quand je reconnus Misrie qui se débatoit entre les bras de l'inconnu. Helas ! je me trouvois sans armes contre cinq hommes ; quel fruit pouvois-je tirer d'un desespoir inutil ? je fis à mon tour des cris affreux, & m'avançay sans connoistre le danger, auquel je m'exposois contre celuy qui tenoit Misrie; cet homme surpris de l'audace que montroit un simple Paysan, tire son épée, & m'en porte un coup qui arreste mon transport, & me renverse de mon cheval ; je me relevay presque dans le même moment, mais sans avoir la force de remonter à cheval ; celuy qui conduisoit l'autre avoit d'abord pris la fuite, & je ne le revis plus; l'inconnu continua de s'éloigner avec vitesse, soupçonnant dans cette avanture plus de myſtere qu'il ne luy en avoit d'abord parû.

De l'endroit où j'eſtois reſté bleſſé, on découvroit le rivage ; l'inconnu y fut preſque ſur le champ, il eût aſſez de bonheur pour y arriver juſtement dans l'inſtant que le Vaiſſeau Marchand alloit partir. Il parla à celuy qui commandoit le Vaiſſeau, je le vis entrer dedans, & le Vaiſſeau fendit auſſi-toſt les ondes : quel ſpectacle pour un amant ! deſtins cruels ! m'écriai-je, raſſemblez-vous à l'inſtant de ma mort, tout ce qui pouvoit la rendre la plus affreuſe ? mais, dequoy me ſervoient, & mes gémiſſemens & mes larmes ? je nâgeois dans mon ſang, Miſrie s'éloignoit de moy, mes forces, le Ciel & les hommes m'abandonnoient tout-à-la fois.

Dans cet eſtat, c'eſt de moy ſeul ! ajoûtai-je, que je puis donc attendre du ſecours ; je dois à mon amour le ſoin de le prolonger autant que je pourray, puiſqu'il ne me reſte que la ſeule douceur d'aimer encore ; elle doit ſuffire pour m'engager à ménager ma vie ; oüy, Miſrie, mon cœur est un bien à vous, qu'il n'expire que par des coups inévitables. Aprés ces mots je forçay pour ainsi-dire la nature à rappeller ses forces, je banday ma playe le mieux que je pus, mon sang cessa de couler; & aprés quelques momens de repos, je fis tant d'efforts que je remontay à cheval; je m'avançay vers le rivage dans le dessein de demander à quelques gens que j'y voyois encore, s'ils ne sçavoient pas où s'en alloit le Vaisseau que je venois de voir partir, & s'il n'en devoit pas partir encore quelqu'un.

Ceux à qui je m'informois de cela me répondirent assez indifferemment qu'ils croyoient que ce Vaisseau s'en alloit aux Isles, sans me spécifier dans laquelle, & que le lendemain il en devoit partir un autre pour le Perou; & dans quel lieu ce Vaisseau est-il donc? leur répondis-je, ils me montrerent alors une montagne, derriere laquelle il estoit, & qui me l'avoit caché. Ceux qui me parloient estoient des Matelots de ce Vaisseau ; je demanday à voir celuy qui le commandoit ; & que luy voulez-vous dire ? me répondirent-ils, regardant mon habit de Payſan qui ne leur préſageoit pas que je dûſſe avoir des ſecrets fort conſiderables. Je vous prie, leur repartis-je, de me préſenter à luy ; un d'eux ſe détacha, & me conduiſit dans une tante où je trouvay le Capitaine ; voilà, Seigneur luy dit le Matelot, un Payſan qui veut vous parler, eh bien mon amy, dit-il alors en langage François, que me voulez-vous ? Seigneur, luy répondis-je en même langage; vous voyez devant vous un malheureux François d'une maison assez illustre dans ce Royaume ; aprés ces mots, j'achevay de luy faire le récit de mes avantures, en luy cachant cependant les noms de ceux qui y avoient part.

Quand j'eus finy, je m'adresse à vous, continuai-je, pour vous prier de me donner une place dans vostre Vaisseau, puisque celle qui emporte mon cœur est à présent sur la Mer, un hazard peut me la rendre ; cet élément en fait naistre de prodigieux, & quand je ne la retrouverois pas, j'auray du moins la consolation de passer à la chercher, une vie que prolonge l'amour que j'ay pour elle.

Seigneur, me répondit ce Capitaine, je n'auray pas grand mérite à vous accorder ce que vous me demandez, & dans un Pays Etranger; il doit m'estre doux d'obliger un homme de ma nation dont le nom m'est connu; commencez par quitter cet habit qui ne vous convient pas, si le Ciel vous est aussi favorable que je le souhaite, vos malheurs seront bien-tost effacez de vostre memoire par mille plaiſirs.

Aprés ces mots, il me fit donner des habits qu'il voulut que je miſſe ſur le champ; mais mon diſcours m'avoit ſi fort occuppé en luy faiſant le récit de mes avantures, que malgré la foibleſſe que je me ſentois, j'avois oublié de luy dire que j'eſtois aſſez dangereuſement bleſſé ; car ſans luy parler du combat que j'avois eu contre l'inconnu, je m'eſtois contenté de luy dire pour abreger qu'il avoit à mes yeux enlevé Miſrie.

Quand il sçût que j'estois blessé, je le vis s'allarmer pour moy, & se donner tous les soins les plus obligeans. Il me fit coucher, car à peine pouvois-je me soûtenir; on mit un appareil à ma blessure, le Capitaine continua toûjours d'avoir à mon égard les mêmes honnestetez; il m'apprit qu'effectivement il partoit pour le Perou, qu'il y conduisoit des Troupes pour les Anglois qui en avoient besoin pour garder divers Cantons qu'ils y possedoient.

Nous partîmes le lendemain; il n'y a qu'un amour

violent qui puisse justifier les esperances que je concevois. Tout ce que j'avois entendu d'avantures particulieres me revint dans l'esprit ; & le Ciel sans doute versa pour diminuer mes maux cet esprit dans mon cœur.

Il y avoit deja long-temps que nous estions sur Mer, & j'estois entierement guery de ma blessure, quand nostre Pilote nous avertit qu'il découvroit un nombre de Vaisseaux qui venoient à nous. Le Capitaine fit alors armer tous ses Soldats pour se tenir sur les gardes ; nous découvrîmes bien-tost ces Vaisseaux que nostre Pilote nous avoit annoncé ; ils avoient le vent pour eux, & fendoient les ondes avec une rapidité qui les approcha de nous en un instant.

Ils estoient au nombre de quatre, ceux qui les composoient nous parurent tous armez à l'avantage, quoyque nous eussions de braves gens dans le nostre, le nombre en estoit si inferieur que nous ne devions pas esperer d'estre vainqueurs, si nous estions contraints de nous deffendre, ce qu'il fallut faire, car les Ennemis

Ennemis nous firent signe de nous rendre.

Noſtre Capitaine qui eſtoit un des braves hommes qu'on pû voir, pour réponſe, fit ſur eux tirer ſon canon, & fit faire à ſon Vaiſſeau la manœuvre la plus adroite pour tâcher d'échapper, & pour éviter l'abordage, mais nous fûmes entourez; le Capitaine deſeſperé ſe réſolut d'enſanglanter du moins la victoire de ſes Ennemis; nous nous batîmes; je ne quittay point le Capitaine à qui je ſauvay pluſieurs fois la vie; enfin Seigneur aprés des efforts ſuperflus nous fûmes vaincus, j'eus le chagrin de voir périr ce Capitaine à mes côtez, je tombay moy-même sur un tas d'hommes morts, & je fus, un moment aprés, mis à fond de cale avec les autres Prisonniers que nos Ennemis firent sur nous. Ces gens estoient des Corsaires puissans, le Gendre & le Beau-Pere ; ils avoient esté assez riches pour armer ces quatre Vaisseaux avec lesquels ils couroient les Mers, & faisoient un ravage affreux.

Je fus pensé de mes blessures avec tous mes compagnons d'infortune, on avoit même d'ailleurs un assez grand soin de nous; nous estions au nombre de quarante-deux, tous jeunes gens, & nos Corsaires se promirent de faire de nous une somme considerable, voilà pourquoy on nous traita doucement, afin que nous parussions tels qu'ils nous avoient pris.

Deux mois aprés ils relâcherent dans un Pays habité par des Turcs; on nous fit mettre pied à terre, quelques jours ensuite on nous exposa aux yeux de plusieurs Patrons, & je fus vendu à un jeune

Renegat que la fille de son propre Patron avoit rendu extremement riche en l'épousant.

Ce fut alors que je perdis mes esperances, & que l'esclavage me parut vrayement affreux, puisqu'il m'ôtoit ses esperances qui faisoient tout mon bien; je fus destiné à travailler aux vastes jardins de mon jeune Patron; malgré mes chagrins, je ne laissay pas que de faire mon ouvrage d'une maniere qui le contenta; sa femme venoit de temps en temps se promener dans ces jardins, & comme il manquoit encore quelque chose aux malheurs qui devoient me meriter la rencontre de ma chere Misrie; cette jeune femme jetta par hazard les yeux sur moy, elle y lut l'affliction où j'estois, une tendre compassion s'empara de son ame, l'amour s'alluma de cette compassion, & je la vis sans en pénétrer la cause, se promener tous les jours dans l'endroit où je travaillois; elle avoit sçû de son mary que j'estois François, elle ne le parloit & ne l'entendoit même pas; cependant sa passion redoubloit tous les jours ; son mary qui faisoit un Commerce de toutes Marchandises, luy donnoit par ces absences toute la liberté dont elle pouvoit joüir.

Elle fut long-temps à me regarder d'un air dont mes chagrins me déroberent long temps le veritable motif, quand elle vit que ses regards ne m'instruisoient pas assez de ce qu'elle sentoit pour moy, elle confia son amour à une jeune fille, qui de toutes ses esclaves estoit celle qu'elle aimoit le plus ; cette jeune fille estoit Françoise, elle avoit esté prise sur Mer presque dés le berceau, & le pere de Halila qui estoit la femme de mon Patron l'avoit élevée dans sa maison depuis son enfance, dans le dessein de la donner à sa fille quand elle seroit devenuë grande. La mere de cette jeune esclave qui avoit esté prise avec elle, n'estoit morte que depuis quelques années, de sorte que le commerce qu'elles avoient eu ensemble, avoit sufisamment appris la langue Françoise à la jeune fille.

Ce fut donc sur elle que Halila jetta les yeux pour ménager les interests de son amour. Frosie, c'estoit ainsi qu'elle s'appelloit, au lieu de la détourner d'une passion qui ne pouvoit avoir que des suites fâcheuses, flata sa foiblesse par une lâcheté de cœur digne d'une esclave, & luy promit qu'elle en agiroit avec tant d'adresse & de succés pour elle, qu'elle auroit bien-tost le plaisir d'estre aimée autant qu'elle aimoit.

Frosie n'avoit presque pas encore fait d'attention à moy, & quoyqu'elle accompagnast souvent sa Maistresse dans les jardins, rarement ses

ses yeux avoient jetté quelques regards sur moy.

Ils y vinrent un soir toutes les deux, il avoit fait extrêmement chaud dans la journée, je m'estois alors mis à l'ombre sous un arbre touffu ; mon air fatigué, la pâleur de mon visage arracha presque les larmes des yeux d'Halila ; Frosie, luy disoit-elle, examine cet esclave, ne lis-tu pas dans ces traits, je ne sçai quoi de noble? ah ne conviens-tu pas qu'il ne paroît point fait pour l'esclavage?

En prononçant ces mots elles approcherent de moy,

Merville, me dit Frofie, car j'avois confervé mon nom; vous me paroiffez bien abbatu; je me levay à ce difcours, & faluant Halila avec un refpect fans timidité, je répondis à Frofie, l'abbattement du corps n'eft pas ce qui me fatigue le plus, & quoyque je ne fois point né pour des ouvrages fervils, il me font bien plus fupportables que mes chagrins, peuteftre!le Ciel les adoucira-t'il. Merville, me repartit Frofie, & fi vous fçaviez tout le bien qu'on vous veut, vos chagrins feroient bien vifs, s'ils ne cedoient à la joye ; un infortuné tel que je suis, répondis-je, n'intereresse assez personne, pour prendre la peine de soulager ses malheurs ; pendant que je parlois, Halila jettoit sur moy des yeux où toute la tendresse imaginable estoit peinte ; l'estat où je me trouvois perçoit son cœur ; luy apprens-tu que je l'aime ? dit-elle, avec un espece d'ennuy de nous entendre parler, sans comprendre ce que nous disions ; il ne le sçait point encore, repartit Frosie, mais je le préparois au plaisir qu'il en aura ; ne tarde pas d'avantage, repliqua Halila, il y auroit deja long-temps qu'il ne l'ignoreroit plus, fi je fçavois fa langue ; vous allez eftre contente, répondit Frofie, car je fçay toute cette converfation de Frofie même qui me la redit dans le moment ; Merville, continuat'elle, aprés avoir répondu à fa Maiftreffe, avez-vous bien confideré Halila? ne la trouvez-vous pas aimable ? mes yeux répondis-je feroient à préfent de trés-mauvais juges de fa beauté ; je ne fuis pas dans une fituation d'ef-

-prit qui puisse les rendre curieux, mais il ne faut pas l'examiner beaucoup pour juger qu'elle est belle.

Halila nous interrompit là-dessus, se tournant du côté de Frosie, tu luy apprends sans doute que je l'aime, dit-elle, en rougissant; que te répond-t'il? un moment, Madame, repartit Frosie, nous n'en sommes point encore là. Ah Ciel! s'écria-t'elle, que mon cœur s'accommode mal de ta prudence, sers mon amour, & ne t'embarasse point du reste.

Frosie jugeant que si elle tardoit davantage à m'apprendre ce qu'Halila ressentoit pour moy, qu'elle l'a désobligeroit, continua de me parler.

Je vous ay dit, Merville, qu'on vous vouloit beaucoup de bien; il faut vous développer cet énigme. Halila, la belle Halila vous aime, & la bassesse dans laquelle le sort vous plonge, n'a point arresté l'invincible penchant de son cœur; c'est elle-même qui me presse de vous le dire, & si vous entendiez sa langue, il y auroit long-temps, dit-elle, que vous fçauriez fa tendreffe. Je vois, répondis-je frappé d'étonnement; combien de pareils fentimens m'honorent, il me doit eftre bien doux dans mes malheurs de trouver un cœur qui les partage & qui les plaigne; mais Frofie, Halila eft la femme de mon Patron, je fuis un efclave, fa tendreffe luy coûteroit peut-eftre bien cher un jour, & ce ne feroit pas répondre à la bonté de fon cœur, que de l'engager dans un amour que nous ne pourrions entretenir ny l'un ny l'autre.

E iiij

Quand j'eus cessé de parler, Halila qui m'avoit examiné pendant qu'avoit duré ma réponse, demanda ce que je disois avec un empressement inquiet ; Frosie luy parla long-temps, & je vis Halila qui faisoit des gestes de la main que je ne sçûs comment expliquer, Frosie m'en donna le sens, en disant qu'Halila répondoit que je ne l'aimois guerre, puisque je n'avois que des frayeurs pour elle à luy rendre, au lieu de l'amour aveugle qu'elle avoit pour moy, qu'on ne refléchissoit point tant quand on aimoit, qu'elle en estoit l'éxemple, qu'au reste je ne devois m'embarasser de rien ; qu'elle avoit du pouvoir sur l'esprit de son mary, & que sans qu'elle parût s'interesser beaucoup pour moy, elle feroit en sorte qu'on me partageroit d'une occupation moins pénible que celle que j'avois, & qui luy donneroit la liberté de me voir, sans que son mary même pût y trouver à redire, que je pouvois estre assûré que mon sort changeroit dés le lendemain.

Quelqu'uns de mes camarades qui travailloient dans les jardins, s'approchoient alors de nous, Frosie avertit Halila, qu'il estoit temps de se retirer; & cette Dame avant de le faire, me tendit la main en souriant obligeamment.

Si j'avois esté sans amour, cette marque de tendresse m'auroit veritablement touché; cependant, je mis un genoux en terre & la baisay avec un air de reconnoissance qui suppléoit au deffaut d'une tendresse qu'on me demandoit vainement, j'avoüeray que j'eus moins de peine à me contraindre pour elle, que je n'en avois eu pour Guirlane, & j'avois remarqué tant de douceur dans ses manieres & sur son visage, que mon cœur fut penetré d'une certaine compassion que m'inspiroient des sentimens de sa part, que je ne pouvois récompenser que d'indifference.

Quand elles se furent éloignées, je refléchis plus à loisir sur mon avanture, & je pris le party de me ménager, de maniere que sans chagriner Halila, je ne fis rien aussi qui puft m'accuser en secret de perfidie envers Misrie que tous les obstacles qu'on vouloit metrre à ma fidelité, ne serviroient qu'à me rendre plus chere.

Le lendemain, comme Frosie m'en avoit assûré, je ressentis les marques de la bonté d'Halila ; j'ay oublié de vous dire, continua l'inconnu, que dans la conversation que j'avois eu avec Frosie, elle m'avoit demandé si je ne sçavois rien à quoy l'on pust m'employer, & qui m'épargnast la fatigue d'un travail aussi pénible que celuy que je faisois ; comme elle me fit cette demande avant de m'informer des sentimens de sa Maistresse, ne soupçonnant pas, ce qu'elle me disoit, motif en faveur duquel je n'aurois point voulu apprendre ce que je sçavois effectivement faire; je répondis que je peignois un peu en mignature, c'estoit un amusement que j'avois toûjours aimé, & dans lequel j'excellois même quelquefois par le secours des bons Maîtres de qui j'avois appris.

Halila que Frosie avoit avertië de ma réponse, n'oublia pas cet article, dés le soir même, elle dit à son mary, que se promenant avec Frosie, cette fille s'estoit divertie à parler avec moy, & que je luy avois dit que j'étois bien mal-heureux d'être occupé à des ouvrages pénibles, pendant que j'en sçavois de plus doux & de plus beaux ; que là-dessus je l'avois assûré que je peignois fort-bien en mignature ; vous sçavez Seigneur, ajoûta-t'elle, que je vous ay dit cent fois que j'avois envie d'apprendre cet Art ; permettez que cet esclave quitte les jardins & m'apprenne ce qu'il en sçait, vous ne sçauriez vous imaginer le plaisir que cela me fera.

Mon Patron qui aimoit sa femme, luy répondit qu'elle seroit bien-tost contente, puisque son plaisir dépendoit de si peu de chose, & le lendemain il me chargea luy-même d'apprendre à peindre à sa femme; on me donna même un habit trés-propre, parce qu'il ne falloit pas avoir, dit Halila, que son Maistre luy fit deshonneur.

L'amour de cette Dame la rendit impatiente de recevoir la premiere leçon, on m'avoit fourny de tout ce qu'il falloit pour luy apprendre à dessigner & à manier le Pinceau.

Dés le matin, Frosie vint m'avertir qu'Halila m'attendoit, mais elle m'en avertit d'une maniere qui me parut extraordinaire ; Frosie estoit bien-faite & jolie, elle avoit l'esprit enjoüé, mais servile, dangereux & capable des dernieres perfidies ; je ne sçay si, comme on dit ordinairement, il est vray que l'amour se prenne en le voyant dans les autres, Frosie me parla dans ce moment d'un air qui signifioit

signifioit presque, que le rôlle de confidente qu'on luy faisoit faire, la mettroit, si elle le continuoit, dans la necessité de parler pour elle ; je ne veux plus, dit-elle en badinant, vous repéter vos discours ; il me semble depuis hier qu'il est dangereux d'expliquer les sentimens tendres des autres, quand on a un cœur soy-même susceptible de tendresse ; je répondis à ces paroles, à peu-prés, de la maniere dont elle les prononçoit ; enfin continua-t'elle, je viens vous dire, Merville, que ma Maistresse veut vous voir, vous seriez bien surpris, si je vous disois aussi que je n'ay pas moins d'envie de vous voir qu'elle ; je ne serois point surpris, luy répondis-je, & je penserois que vous avez quelque amitié pour un malheureux esclave que vous jugez avoir besoin de la compassion de tout le monde ; ce mal-heureux, repartit-elle, tout esclave qu'il est, ne perd pas le pouvoir de se faire aimer, comme il a perdu celuy de faire ce qui luy plaît, tout le monde se ressent de le connoistre, & j'ay bien peur que Frosie ne soit même plus enchaînée par l'esclave que par son maistre ; moy ; Frosie, luy répondis-je, feignant de ne la point entendre & de badiner ? & quel mal puis-je vous faire ? quel mal, repartit-elle, celuy que vous avez fait à ma maistresse; Frosie, dis-je, aime à se divertir, elle est à présent dans son humeur enjoüée. Non, non, je vous le dis sérieusement, Merville, continua-t'elle ; il me semble que je vous aime, je m'explique assez clairement; adieu, ma maistresse attend, je vais luy dire que vous allez venir, mais que me dirai-je à moy ? que vous avez de l'esprit infiniment,

F ij

répondit-il, & qu'un autre fois vous moderiez un peu voſtre enjoüement avec un eſclave auſſi mélancolique que je le ſuis ; Merville, ſi vous me répondez toûjours de même, vous me la rendrés plus que vous ne l'eſtes, dit-elle en me quittant, mais il ne tiendra pas à moy de mériter que nous ne le ſoyons ny l'un ny l'autre ; adieu, ſongez à me ſuivre de prés. Elle me quitta là-deſſus, je reſtay comme interdit, je voyois bien que Froſie n'en demeureroit pas-là. La maniere dont elle venoit de s'expliquer avec moy, me faiſoit déméler une partie de son caractere, & comme le cœur, quoyque prévenu pour un autre, ne laisse pas que d'estre capable de sentimens d'amitié pour ceux dont le caractere est estimable, il haït aussi avec bien plus de facilité ceux dont le caractere n'est point aimable. Je sentois cette espece d'amitié que je viens de dire pour Halila, & je conçûs en ce moment de la haipour Frosie.

Cependant je pris mes crayons & m'en allay trouver Halila, qui ne m'ayant vû qu'avec un miserable habit qu'on m'avoit donné pour travailler au jardin, dit en me voyant dans un habit plus propre, qu'elle n'avoit pas avant ce moment connu toute ma bonne mine; ce font les termes que me repéta Frofie de fa part: Aprés quelque difcours expliquez de part & d'autre, j'eſtalay mes crayons fur une table, & je commençay à tracer quelques figures fur du papier; pendant que je m'y occupois avec affez d'attention, je m'apperçûs qu'Halila refrifoit avec fes doigts les boucles de mes cheveux que j'avois trés-longs; cette Dame faifoit cette action d'un air de tendreſſe ſi touchante que je me rappellay, dans ce moment de pareils inſtants, où Miſrie, comme Halila me donnoit cette marque d'amour ; j'achevay cependant ce que j'avois à deſſigner, *c'eſtoit des yeux*, Halila jetta la vûë deſſus mon papier, & s'appercevant de ce que j'y avois tracé ; elle prit le crayon elle-même, pendant que Froſie derriere elle, me prit la main qu'elle me ſerra, en diſant, ne deſſignez jamais des yeux à moins que vous n'y peigniez vos regards, alors on pourra s'appliquer à les étudier, je ſoûris ſimplement à ce discours, sans vouloir y repartir ? vous estes un ingrat, Merville, me dit-elle, vous ne répondez ny à mes actions, ny à mes paroles, mais Frosie, on ne peut, comme vous sçavez, bien faire deux choses à la fois; ce que je montre à Halila a besoin de toute mon attention; vous estes bien de mauvais goust, dit-elle malicieusement au sujet de cette Dame, si vous préferez ses tendres contorsions aux discours les plus vifs ; vous m'avez cependant dit hier, répondis-je, de regarder combien elle estoit aimable, Frosie rougit

git à ces paroles, & me regarda d'un air de dépit, sans me répondre. Tous ces discours se passerent pendant qu'Halila dessignoit des figures sur le papier, que je n'avois point encore regardées ; quand elle eût finy, elle me donna de sa main un petit coup sur l'épaule, en me marquant du doigt de jetter les yeux sur deux figures qu'elle venoit de dessigner. La premiere estoit un cœur qu'on distinguoit, quoyque mal-fait; elle l'avoit mis immédiatement à côté des deux yeux que j'avois dessignez, tâchant de me faire entendre par signe que cela signifioit que son cœur avoit en me voyant suivy ses yeux, qu'elle ne m'avoit pas plustost vû, qu'elle avoit perdu son cœur, & ce penchant si prompt estoit marqué par une petite ligne dont elle avoit joint, & le cœur & les yeux ensemble.

Elle parla là-dessus à Frosie, apparamment pour luy dire de m'expliquer ce qu'elle vouloit me marquer par là, mais la fourbe, au lieu de luy obéïr, me dit, que puisque je trouvois Halila si aimable, & que j'estois son Maistre, je devois bien entendre ce qu'elle vouloit dire. Cette perfidie ou plûtost ce manque de respect pour sa Maistresse, me piqua, peut-estre plus par un sentiment de l'aversion que cette fille m'inspiroit pour elle que par attention à sa malice contre sa Maistresse, de l'ignorance de laquelle elle profitoit pour parler contr'elle ; je luy répondis qu'Halila estoit bien malheureuse d'avoir un truchement comme elle, puisqu'il ne luy serviroit de rien de penser aussi spirituellement que je m'appercevois qu'elle venoit de faire ; hé bien, répondit-elle, puisque vous luy trouvez tant d'esprit, elle sera son truchement à elle-même, car je vous déclare, Merville, que vous vous entendrez bien mal, si vous ne vous entendez que par moy.

Aprés ces mots, elle parla à sa Maistresse, qui parut si mécontente de ce qu'elle luy disoit de moy, qu'elle jetta d'un air chagrin le crayon sur la table, & passa presqu'en pleurant dans une autre chambre; je vous avoüe que ce que je crus devoir penser de Frosie, aprés cette action de Halila me mit contr'elle dans une vraye colere, elle eſtoit reſtée avec moy ; Froſie, luy dis-je, vous abuſez de l'impuiſſance où nous ſommes, de nous faire entendre Halila & moy ; mais écoutez, je trouveray les moyens de la détromper ſur mon chapitre & de l'inſtruire ſur le voſtre, ſi vous continuez; je crains peu les moyens dont vous parlez, Merville, me répondit Froſie, qui ſans doute autant que j'en pus juger, s'imagina que j'aimois Halila ; & vous avez Halila & vous, tous deux plus à craindre de moy que je n'ay de vous. Ah perfide! m'écriai-je,

G iij

entre les mains de qui vous trouvez-vous ? malheureuse Halila. Je prononçay ces paroles d'un ton de voix si haut, qu'Halila l'entendit de la chambre où elle estoit passée.

Comme elle estoit naturellement douce, l'amour succeda bien-tost au dépit dans son cœur, elle rentra dans celle où nous parlions Frosie & moy, & dans le temps que cette fille perfide me disoit les choses les plus allarmantes, & pour Halila, & pour moy.

Je me sentis vivement attendry d'un mouvement de compassion pour cette Dame infortunée, Frosie ne me cachoit point ses funestes desseins, elle menaçoit d'abuser de la confidence d'Halila, je levois les mains au Ciel, comme pour prier les Dieux de détourner le coup qui menaçoit cette Dame ; quand elle rentra, mon action la surprit ; aussi-tost que je l'apperçûs, je m'approchay d'elle, & fis mille gestes qui marquoient l'horreur que j'avois du procedé de Frosie; cette fille rougit & justifia sa perfidie par sa contenance. Halila donnoit à tous mes gestes une attention d'étonnement, elle parla à Frosie

G iiij

qui luy répondit, & je redoublay mes signes pour faire comprendre à Halila que Frosie estoit dans de mauvais desseins contr'elle. La colere est éloquente de quelque maniere qu'elle s'explique, je ne sçay si Halila m'entendit, mais je la vis regarder Frosie avec des yeux de couroux; elle y ajoûta plusieurs paroles qui acheverent de confondre entierement Frosie; mais ce fut une confusion dangereuse, & qui formoit dans son cœur des desseins de vengeance. Halila se retournant aprés de mon côté me tendit la main comme pour me remercier de l'avis que je luy donnois, ou pour me témoigner qu'elle n'en croyoit plus à l'indignité que Frosie avoit mis dans mes discours. Quelles extrémitez ! grands Dieux. Au milieu de tout cela, j'adorois Misrie, & je voyois que par le desordre où nous jettoit l'impuissance de nous faire entendre Halila & moy, elle avoit occasion de penser que je l'aimois, & qu'il m'estoit comme impossible de distinguer dans mes gestes le courroux que m'inspiroit le procedé de Frosie, les allarmes qu'elle me donnoit pour cette Dame, d'avec des marques équivoques d'une tendreſſe que je ne ſentois pas; Halila me quitta, aprés m'avoir, comme j'ay dit tendu la main, & je m'en allay dans la chambre qu'on m'avoit donnée, réver aux mal-heurs que pourroit cauſer l'artificieuſe Froſie.

Sur la moitié du jour, Halila envoya une autre eſclave à ſa place me dire que je vins dans la chambre au Deſſein, je ſuivis ſur le champ cet eſclave, & m'y rendis; Halila m'y attendoit, en deſſignant encore ſur ſon papier, elle ſoûrit en m'appercevant,

& en me faisant comprendre par un signe qu'elle ne vouloit plus de Frosie ; après ce signe elle me montra deux cœurs unis, & qu'un Soleil entouroit, comme pour me faire connoître que deux cœurs bien unis lisoient tout ce qui se passoit l'un dans l'autre, & qu'ils n'avoient pas besoin d'interprete. Cette maniere de déclarer nos sentimens, me parut assez favorable pour ceux que j'avois pour Misrie, elle m'épargnoit le chagrin d'assûrer de vive voix Halila que mon cœur ne pouvoit sentir que de la reconnoissance, nous fimes encore plusieurs figures, par lesquelles Halila me témoigna toûjours un amour excessif, & beaucoup d'esprit; à mon égard, j'éludois le mieux que je pouvois d'y répondre?

Nous en estions là tous les deux, quand Halila tirant un brasselet de ses cheveux orné de petits diamans, me prit les deux mains qu'elle feignit de m'enchaîner avec ce brasselet, me marquant par cette action, qu'elle vouloit que je n'eus plus d'autres fers que ceux de l'amour; la perfide Frosie luy avoit vû prendre ce brasselet d'un petit coffre;

l'imprudente Halila n'avoit point eu la précaution de se cacher d'elle, Frosie préjugea qu'elle avoit envie de me le donner ; elle profita de cette mal-heureuse avanture, & voicy comment.

Dans le dépit qu'elle avoit de n'eſtre point aimée, & de la colere que j'avois inſpirée à Halila contr'elle, perdant non-ſeulement l'eſperance de toucher mon cœur, mais encore toute la confiance de ſa Maiſtreſſe, & plus piquée encore du procedé que j'avois eu avec elle ; elle trouva moyen le lendemain de nôtre querelle de parler à mon Patron.

L'esclave, luy dit-elle à qui vous avez ordonné d'apprendre à peindre à Halila a bien osé devant moy luy témoigner une tendresse perfide & temeraire, il l'adore : Que me dis tu ? repartit le mary de Halila ; & de quel air a-t'elle reçû l'outrage que ce mal-heureux me fait, Seigneur, répondit-elle, Halila ne s'en trouve point offensée, j'en ay rougy pour elle ; mais Seigneur vous jugerez bien mieux des choses, quand vos yeux en seront témoins, ils se verront sans doute tous deux tantost ; attendez ce moment, vous sçavez que dans la chambre où il a porté ses pinceaux & ses crayons, est un petit cabinet dans l'enfoncement de la muraille par où l'on entre en dehors de la chambre ; cachez-vous-y Seigneur, quand je vous avertiray.

Mon Patron aimoit trop sa femme pour ne se sentir pas outré d'une infidelité pareille, si ce que luy disoit Frosie estoit vray, il l'a chargea de l'avertir, quand Halila m'auroit envoyé chercher ; Frosie prit si bien ses mesures, qu'elle sçût le moment de ma conversation avec Halila, son Maître l'attendoit, elle alla le trouver, & luy dit qu'il eſtoit temps d'entrer dans le cabinet, il y courut, & nous vit au travers d'une porte vitrée qui donnoit dans la chambre. Helas! mal-heureuſement pour nous, il arriva avant le funeſte don du braſſelet. La maniere dont Halila me le mit au bras luy perça le cœur. Vous allez voir, Madame, continuë mon amy, dans la ſeconde partie de ce quatriéme Tome la ſuite de cet avanture.

*Fin de la premiere Partie
du quatriéme Tome.*

LES AVANTURES DE *** OU LES EFFETS SURPRENANS DE LA SYMPATHIE.

L'Epoux de Halila poussa la porte avec fureur, & entra le sabre à la main. Ha-

Tome IV. 2. p.   A

lila fit un cri effrayant, & se déroba à la fureur de son mari, en passant avec precipitation dans l'autre chambre. Je n'eus pas la même precaution ; la surprise où je me trouvai glaça mes sens, & je songeois à me retirer aussi, quand il me déchargea un coup de sabre sur la tête. Je tombai; ce furieux ne redoubla pas, il cherchoit une autre victime. Il courut aprés sa femme, pour la traiter de même : mais en sortant la porte s'étoit refermée sur elle. Elle eut le tems de fuir de la maison par un degré dérobé, pendant les efforts violens qu'il fit pour ouvrir cette porte. Elle s'ouvrit, il courut, mais trop tard, Halila étoit déja sortie de la maison, & passoit dans celle d'un oncle qui demeuroit auprés de son mari. Cet oncle alors se trouva chez lui. Halila, les cheveux épars, la frayeur sur le visage, se jetta à ses genoux, & y demeura quelques momens sans avoir la force de parler. Il la releva, surpris de cet étrange spectacle, & lui demanda ce qui lui étoit arrivé. Cette Dame infortunée, quand elle eut repris haleine : J'implore vôtre secours, lui dit-elle, contre un mari furieux qui veut me donner la mort; écoutez-moy, je ne vous cacherai rien de ce qui cause son juste emportement contre moy.

Aprés ces mots, elle fit un recit de son malheur, du penchant qu'elle avoit eu pour moy, & de la fatale avanture qui en avoit instruit son mari. Ce parent fut touché des larmes qu'elle versoit, & du repentir qu'elle témoignoit ; il la consola, & lui dit qu'il alloit à l'inſtant chez ſon mari, qu'en attendant elle reſtât chez lui, qu'elle y ſeroit toûjours en ſûreté Il la quitta là-deſſus, & s'en vint chez mon patron. Il cherchoit ſa femme dans tous les appartemens de ſa maiſon, toûjours le ſabre à la main, & s'emportant dans des menaces terribles. Quel violent tranſport t'agite, lui dit le Turc ? Remets ton ſabre dans ton fourreau, & calme un peu tes mouvemens ; Halila n'eſt point chez toy, l'infortunée a fui dans ma maison, & je sçai les raisons que tu as de te plaindre d'elle : mais, Mehemet, les choses ne sont pas arrivées à un point qui doive t'inspirer des emportemens si violens. Ecoutemoy. Quoy, repartit Mehemet, (car c'étoit ainsi qu'il s'appelloit) l'infidelle, au mépris de la foy qu'elle m'a jurée, ouvre son cœur à des sentimens de tendresse pour un vil esclave ! Non, quoy que tu dises, elle merite la mort. Le repentir qu'elle a de ces sentimens que tu lui reproches, répondit le Turc, doit t'engager à lui pardonner; nous ne sommes pas toûjours les maîtres de ne faire que nôtre devoir. Tous tes discours sont inutiles, repartit Mehemet, l'outrage qu'elle m'a fait ne peut s'oublier que lavé dans tout son sang. Tu risques donc de ne l'oublier jamais, répondit le Turc; ne te souviens-tu plus, Mehemet, que c'est à ma niece à qui tu dois les biens que tu possedes? Sans elle, languissant, enchaîné, tu n'aurois pour compagnons que de malheureux esclaves, dont tu partagerois l'infortune & la peine. Le mariage de ma niece t'affranchit de ce fort; ressouviens-t'-en du moins, pour que cette consideration balance dans ton cœur l'injure qu'elle se repent de t'avoir faite, & dont elle s'accuse elle-même. J'avouë, repartit fierement le mari d'Halila, que sans ta niece je serois dans l'esclavage : ma reconnoissance n'a point été bornée, pendant que Halila ne m'a pas donné de justes sujets de

plainte contr'elle ; mais ref-
souviens-toy à ton tour, que
quelque obligation que je
puisse avoir à ta niece, ce
qui m'arrive aujourd'hui de
sa part efface non-seulement
ce souvenir que tu me re-
commandes, mais me fait
encore regretter ces fers
que j'ai quittez, mille fois
moins afreux que l'affront
dont elle me couvre. Ce-
pendant je veux bien en-
core oublier sa perfidie, plus
par amour pour elle, que
par aucun devoir de reconnoissance. Qu'elle revienne,
& je te jure par le grand

Prophete Mahomet qu'elle n'a plus rien à craindre.

Le Turc à ces mots l'embraſſa, & lui dit que deſormais Halila, par un reſpect & une tendreſſe éternelle, repareroit le crime qu'une trop grande jeuneſſe lui avoit fait commettre. Mais, ajoûta-t-il, qu'as-tu fait de l'eſclave temeraire dont l'amour perfide a porté ma niece à ce qu'elle a fait ? Il expire ſans doute en ce moment, repartit Mehemet ; j'ai frapé ce traître d'un coup de ſabre, & je l'ai vû tomber dans la cham-

DE *** 11

bre où ils se parloient Halila & lui. Conduis-moy dans cette chambre, dit le Turc ; une mort pareille est trop peu pour ce monstre, elle ne punit point son audace : s'il peut réchaper du coup que ton bras lui a porté, livre-moy ce malheureux, je l'enverrai dans des lieux où le traître aura tout le tems de gemir de sa perfidie.

Ils vinrent aprés ce discours dans la chambre où j'étois, étendu dans mon sang. Ils s'apperçurent que je respirois encore ; ils appellerent quelques efcla-ves, à qui ils ordonnerent d'avoir foin de moy, & de tâcher de me rappeller à la vie.

Ces efclaves obeïrent ; quelque temps aprés je fus gueri de ma bleffure, & chargé de chaînes. Un vieux efclave, que je n'avois jamais vû chez mon patron, vint me prendre, & aprés m'avoir lié fur un cheval, il me conduifit à quelques lieuës de la maifon de mon patron. Il me fit arrêter dans un endroit, que je jugeai être un pays de mines.

Là on m'attacha avec des cordes, & je fus descendu dans la plus profonde de ces mines, où l'on travailloit à tirer le vif argent.

Ce lieu étoit affreux; plusieurs lampes en éclairoient l'obscurité ; une quantité de malheureux esclaves, presque tout nuds, y travailloient sous la conduite de deux Turcs, qui étoient le pere & le fils. On n'entendoit dans ce lieu terrible que les menaces que faisoient ces deux Turcs à ceux que la langueur & la foiblesse empêchoit de travailler aussi vîte qu'ils le vouloient. A chaque instant les coups pesans dont ces cruels frapoient ces malheureux, les faisoient trébucher : leur maigreur étoit si épouvantable, qu'on eût crû voir des squelettes mouvans au lieu d'hommes ; ce n'étoit que gemissemens, que plaintes lamentables, que larmes. Quel fut mon desespoir, quand je me vis destiné à passer ma vie comme ces infortunez ! Je n'y fus pas plûtôt, que le fils du Turc s'avançant m'ordonna de le suivre, d'une voix qui sembloit m'annoncer toutes les peines que j'allois souffrir. J'étois averti de ton arrivée, me dit-il, & l'on m'a chargé d'avoir soin de te faire travailler plus qu'un autre. Aprés ces mots, il me montra un côté de la mine où je devois me mettre. Cet endroit étoit le plus reculé. Hâte-toy de faire ton ouvrage, ajoûta-t'-il, & prends garde à ne point perdre de tems ; car je te ferois passer bien plus mal les instans que tu n'employerois pas. Il me fit aprés

apporter les outils necef-
faires pour mon travail ; il
m'ordonna d'ôter mes ha-
bits, & de mettre une mau-
vaife chemife qu'il me donna : aprés quoy je commençai un travail penible que
je ne fçavois point faire, &
qu'on ne m'avoit pas donné
le tems de regarder faire
aux autres. Ce jeune Turc
s'éloigna de moy pour aller
examiner mes camarades.
Il avoit un foüet à la main,
dont il frapoit fans pitié
ceux qu'il s'appercevoit
manquer à la moindre cho-
fe. A quelques pas de moy
étoit

étoit un esclave trés-vieux à qui le pere du jeune Turc avoit donné tant de coups d'un pesant bâton qu'il portoit toûjours, que ce vieillard étoit étendu à terre, meurtri, le visage plein de terre, sans avoir la force de remuer son corps. Ses gemissemens m'inspiroient une pitié dont je souffrois plus que de mon travail. Helas! mes maux égalerent bientôt les siens. Le sort semble épuiser ses fureurs, sur ceux que le malheur accable. Il m'arriva de rompre un outil de fer qui me servoit à creuser la mine. Le jeune Turc, qui revint alors auprés de moy, s'en apperçut : T'a-t'-on placé dans cet endroit pour ne travailler qu'à rompre les outils qu'on te donne, me dit-il ? A ces mots, il m'arracha ma chemise, & me renversant à terre, il me donna mille coups du foüet qu'il tenoit. Son pere arriva dans l'instant, qui informé de la raison qui faisoit que son fils me maltraitoit, se joignit impitoyablement à lui, & me déchargea un nombre infini de coups de son bâton.

En un instant des ruisseaux de sang coulerent de mon corps & de mon visage ; le foüet m'emportoit même des lambeaux de chair. Ma tête fut meurtrie, & je demeurai presque mourant sur la place. Ils recommencerent, pour m'obliger à me relever : mais mes forces ne me le permirent pas. Ils me reduisirent dans un état pitoyable, & je fus sur le champ traîné par les cheveux dans une espece de petite caverne qu'ils avoient ménagée dans la mine, & qui joignoit deux ou trois enfoncemens pareils.

C'étoit là où l'on mettoit ceux que leurs bleſſures empêchoient de travailler. Une lampe éclairoit chacune de ces cavernes, & l'on y panſoit d'une maniere cruelle ceux qu'on y avoit enfermez, en attendant qu'ils fuſſent en état de ſe remettre à leur travail. On m'y apportoit de tems en tems pour toute nourriture du pain avec un peu d'eau, & chaque jour on venoit y panſer mes playes.

Dans la caverne jointe à la mienne j'entendis les gemissemens d'une personne dont il me sembloit que je connoissois la voix ; j'entendois même assez distinctement les paroles qu'après mille soûpirs elle prononçoit quelquefois. Malheureuse, disoit-elle, les Dieux m'ont-ils faite pour servir d'exemple des maux qu'une mortelle peut souffrir ? O jour funeste de ma naissance ! ô Dieux, dont je ne connois le pouvoir que par mes malheurs !

Elle s'arrêta à ces mots, les sanglots interrompirent ses plaintes, & ce qu'elle dit aprés fut si interrompu, que je n'y pus rien comprendre.

Cette voix portoit dans mon cœur mille mouvemens confus ; il étoit des momens où je croyois entendre le son de la voix de Misrie ; & le peu d'apparence que je trouvois que ce fût elle, me faisoit penser que mes oreilles m'abusoient. Cependant le jeune Turc passoit souvent de ma caverne dans celle où j'entendois gemir cette infortunée, que je compris par ses discours devoir être une femme. Mais, disois-je en moy-même, pourquoy dans des lieux où ne peuvent être que des hommes, s'y trouve-t'-il aussi une femme ? que signifie ce mystere ? & quelle est cette femme dont la voix a tant de rapport à celle de Misrie ?

Ces réflexions me plongerent dans une inquietude mortelle ; ce son de voix avoit frapé mon cœur, je ne pouvois l'oublier, ma tendresse pour Misrie redoubloit dans ces momens.

Je prêtai l'oreille aux difcours que j'entendis alors faire à l'esclave. Laisse-moy, disoit-elle au jeune Turc, infâme, qui profite de l'abandon où je suis & des hommes & des Dieux, ta passion detestable ose-t'-elle me menacer de violence ? Va, lâche, la mort est toûjours entre les mains de ceux qui ont besoin de son secours, & malgré l'esclavage où je suis, mon desespoir sçaura me la fournir, si tu te resous à m'outrager.

Ah Ciel ! m'écriai-je alors, je n'en puis plus douter, c'est Misrie, j'entens sa voix ;

voix ; ah Dieux ! puifque vôtre foudre ne vient point au fecours de l'innocence, donnez-moy du moins la force de porter au cruel qui l'outrage le coup mortel qu'il devroit recevoir de vous.

Aprés ces mots, je voulus me lever pour entrer dans l'autre caverne : mais je ne fis que de vains efforts

Cependant le jeune Turc en fortit ; il avoit entendu le cri que j'avois fait en parlant. Quelles paroles viens-tu de prononcer, me dit il en s'arrêtant auprés de moy?

Des paroles, lui répondis-je d'une voix defefperée, dont tu ne me demanderois pas à prefent le fens, s'il m'étoit auffi facile d'agir que de parler. Malheureux, ajoûtai-je, tu fais bien de choifir des lieux où regne une affreufe nuit pour tes defleins criminels; ils foüilleroient le jour, & l'enfer, dont ces lieux font l'image, n'a point de monftre plus épouvantable que toy. Miferable, répondit-il, d'où te vient l'audace de me parler de cette maniere ? Ne crains-tu pas les maux dont

puis t'accabler ? & quelle est la raison qui te fait prendre le parti de cette femme, que j'aime ? Tu l'aimes, m'écriai-je encore ! ah barbare ! dans le cœur de tes pareils la tendresse peut elle avoir quelque place ? Tu l'aimes, & tu l'outrages ! non, infâme, Misrie n'est point capable d'allumer l'amour que tu ressens. Si tu l'aimois, ton respect feroit sa sûreté, tu renoncerois au jour toy-même, plûtôt que de l'en arracher, & de la retenir dans ces lieux : mais tu ne connois que des desirs in-
C ij

fâmes. Malheureux, me répondit-il, je ne retiens ma colere que pour t'en accabler plus long-tems; fors de ces lieux, & te remets à ton travail, tes playes font affez gueries pour être renouvellées bientôt.

Aprés ce barbare difcours, il me traîna hors de la caverne de la même maniere dont il m'y avoit fait entrer.

J'avouë que jamais je n'ai fenti de douleur plus vive, que lorfque je me vis arracher de cette caverne, où je croyois avoir reconnu la voix de Misrie, & où j'avois la triste consolation de pouvoir m'imaginer quelquefois que c'étoit elle. Ce lieu, tout affreux qu'il étoit, m'étoit devenu cher par la douce incertitude, ou pour mieux dire, par les soupçons que mon cœur y avoit pris, & que m'avoit donné la voix de cette personne qui se plaignoit dans la caverne. Je fis des cris épouvantables, j'implorai le secours du Ciel. Le barbare se moquant de ma douleur, m'entraîna auprés de la mine: Attens en cette place, ajoûta-t'-il, qu'on te rende tes outils pour travailler. Il me quitta aprés ces mots. On me rapporta de quoy continuer mon travail ; il falut me resoudre à m'y remettre, & quelques reflexions que je fis sur l'avanture qui m'avoit fait entendre cette voix dont j'ai parlé, me determinerent à ménager ma vie. Si les Dieux, disois-je, ont pû ramener Misrie si prés de moy, (m'imaginant toûjours que c'étoit elle) malgré le malheur qui nous a separez, ces mêmes Dieux me la rendront peut-être un jour d'une maniere plus favorable, malgré tout l'obstacle que le fort semble apporter à nôtre union.

Je paſſai quelques mois à travailler dans ces eſperances, quand je fus tiré de ces lieux avec tous mes camarades par une avanture trés-funeſte à bien des perſonnes.

Halila, ſur la parole que ſon mari avoit donnée au Turc, revint dans ſa maiſon. Quelque reſſentiment qu'il eût contr'elle, les ſoûmiſſions de ſa femme, ſa beauté le toucherent ; il reprit tout l'amour qu'il avoit eu pour elle, & oublia nôtre avanture. Dans ce tems un Marchand étranger, avec lequel il trafiquoit, le convia avec sa femme à venir prendre un repas sur son bord. Il y consentit. On s'y divertit avec toute la joye que peut inspirer un repas magnifique. Aprés qu'on eut mangé, nombre d'instrumens firent retentir l'air de sons harmonieux ; les trompettes & les hautbois succedoient au doux son d'une quantité de flutes.

Le mari de Halila se livra tout entier au plaisir, & but en quantité des vins exquis & des liqueurs dont le Marchand les regaloit. Dans la joye il proposa au Marchand de prendre des barques pour se promener sur mer : Nous y joindrons vos musiciens, ajoûta-t'-il, & ce divertissement aura mille charmes.

Le Marchand ravi d'augmenter la joye, accepta la partie. Trois barques sont tirées ; Halila & son mari entrent dans l'une avec le Marchand, le reste de la compagnie dans une autre, & les muficiens fe mettent dans la troifiéme. On fe promena de cette maniere le long du bord. Les fumées du vin fe joignant aux charmes de la mufique, provoquerent le mari de Halila à un leger affoupiffement, qui le furprit enfin fi fort, qu'étant affis fur les bords de la barque, le mouvement l'en renverfa dans la mer. Sa femme, qui s'apperçut qu'il tomboit, fit un cri terrible, & voulant le retenir, fut emportée avec lui, & tomba de fon côté. Son mari lutta long-temps contre les vagues : mais dans l'endroit où ils étoient tombez, l'eau faisoit comme un tourbillon, qui les engloutit tous deux. Quelques rameurs se jetterent dans la mer, mais inutilement. Cette malheureuse avanture fit faire des cris aux deux autres barques, qui éveillerent le Marchand, qui s'étoit aussi endormi. On lui dit ce qui venoit d'arriver, il en fut touché, & ordonna sur le champ à ses rameurs de le mener à bord, afin de se hâter de partir, prévoyant bien que leurs parens s'imagineroient qu'il y avoit du deſſein de ſon côté dans cet accident, parce que ſur des marchandiſes livrées il devoit encore au mari de Halila des ſommes conſiderables.

Quand il fut à bord, les eſclaves qui avoient accompagné Halila & ſon mari, ne les voyant point revenir avec le reſte de la compagnie, les demanderent. Le Marchand leur raconta ce qui venoit d'arriver. Un de ſes eſclaves, qui ſçavoit les affaires de son maître avec le Marchand, ne douta point qu'il n'eût fait perir l'un & l'autre, pour ne pas payer l'argent qu'il devoit à Mehemet pour des marchandises, dont avant le repas le Marchand avoit signé une reconnoissance que Mehemet avoit mise dans sa poche, & qui se trouvoit maintenant perduë par l'avanture qui faisoit perir son maître, & dans laquelle on avoit envelopé Halila, afin qu'elle n'accusât point l'auteur de la mort de son mari. Cet esclave étoit fort affectionné à Mehemet ; il medita de faire en sorte que le Marchand se repentît d'un crime qu'il n'avoit point commis, mais qui avoit resolu de profiter de la mort de Mehemet, pour ne pas payer ce qu'il devoit. L'esclave se retira, & se hâta d'aller trouver l'oncle de Halila, qui plein de tendresse pour sa niece, fut outré de la pretenduë perfidie du Marchand, que l'esclave chargea. Il faut vous vanger, lui dit-il. Ma vangeance est resoluë, repartit le Turc, la mort de ma niece entraînera la mienne. Je n'avois point d'enfans, je la regardois comme ma fille, elle m'aimoit tendrement aussi. Ah barbare, tu ne joüiras pas du fruit de ton crime, & tu éprouveras bientôt que le Ciel ne permet l'execution des forfaits, que pour en confondre avec plus d'éclat les auteurs.

Aprés ces mots, il ordonna à son esclave de le suivre, & de s'armer d'un poignard, qu'il cacheroit sous ses habits. Le Turc en prit un aussi : avec ces armes ils monterent tous deux à cheval, & s'en allerent trouver le Marchand.

L'oncle de Halila d'un air triste lui dit que ses esclaves venoient de lui apprendre la funeste nouvelle de la mort de sa niece & de son mari, & que comme il sçavoit que Mehemet avoit des affaires avec lui, il venoit voir quel ordre il avoit envie d'y mettre.

Seigneur, répondit le Marchand, qui, comme j'ai dit, avoit resolu de profiter de la mort de Mehemet,

met, je ne lui dois pas grand'
chose, & la somme est si
peu de consequence, que
je vous la donnerai quand
vous voudrez. En parlant
ainsi, il s'éloignoit de son
bord, & continuoit la conversation avec l'oncle de
Halila, qu'accompagnoit
de prés son esclave. Cet oncle adroit feignit d'exiger
un détail des affaires que le
Marchand avoit faires avec
Mehemet. Celui-ci lui dit
là-dessus ce qu'il voulut, &
s'éloignoit toûjours sans se
défier de rien, & trompé
par la tristesse paisible du

Turc, qui ne lui parut pas aussi vindicatif que l'avanture de Mehemet & de sa femme auroit pû le rendre.

Quand le Turc jugea que le Marchand étoit assez éloigné des siens, pour qu'il eût le tems d'executer son coup & de remonter sur son cheval, que l'esclave qui marchoit derriere tenoit avec le sien par la bride, il tira son poignard, & le plongea dans le cœur du Marchand. L'esclave s'approcha, qui le frapa du sien. Le Marchand tomba en appellant à son secours;

& le Ciel, ennemi des trahisons, quoy qu'elles puniffent les fourbes, (car le Marchand en étoit un de n'avoir pas envie de payer) ne laiffa pas impuni le violent procedé du Turc.

L'efclave, en frapant le Marchand, lâcha la bride des chevaux qu'il tenoit; & quand le Marchand fut tombé, l'efclave tâcha, mais en vain, de reprendre les chevaux; il ne put en approcher. Les gens du Marchand, qui l'avoient vû tomber de loin, & qui avoient entendu fa voix, accoururent, les uns avec des épées, les autres avec des armes à feu, & le Turc & l'esclave furent assassinez.

La mort du Turc, à qui appartenoient les mines aprés lesquelles nous travaillions, mit sa femme dans l'impuissance de continuer des travaux qui consommoient un argent considerable. Hors d'état d'entretenir le commerce que faisoit son mari, & par consequent de venir à bout des entreprises qu'il avoit faites, elle abandonna les mines,

& convint avec un autre patron du prix de tous les esclaves qui y travailloient. L'affaire fut bientôt concluë; elle en sçavoit le nombre, & ils furent tous conduits chez leur nouveau patron. J'étois dans ce tems-là malade; les maux continuels que m'avoit fait souffrir le jeune Turc ne m'avoient, pour ainsi dire, laissé que l'ombre de la vie. Je fus cependant compris dans le marché que l'on avoit fait de mes compagnons.

Pour me rétablir on me

laissa quelque temps sans me donner d'occupation; je me vis même traiter avec quelque douceur, dont le sort, jusques là toûjours attaché à me poursuivre, me menaça de me priver encore.

Nôtre patron mourut d'une débauche, qu'il poussa jusqu'à l'excés avec quelques-uns de ses amis. C'étoit un homme d'environ cinquante ans, extremement puissant, & qui avoit épousé une de ses esclaves deux mois avant que nous entrassions chez lui. Sa veuve se voyant maîtresse d'un bien considerable dans un âge favorable pour en joüir, prit aprés la mort de son mari tous les soins qu'il faloit pour se maintenir dans la même opulence.

Elle nous vint voir un jour, & nous examina tous l'un aprés l'autre. Quand ce fut à mon tour à paroître, je jettai les yeux sur elle, dans le temps que je m'apperçus qu'elle me regardoit avec attention. Cette femme me parut ressembler à Guirlanne, la femme du Capitaine Anglois: mais je ne pus m'imaginer que ce fût elle. L'attention que je témoignai en la regardant augmenta la sienne ; elle me demanda d'où j'étois. Je ne lui cachai pas le lieu de ma naissance. Elle rêva quelque tems : Et comment vous appellez-vous du nom de vôtre famille, ajoûta-t'-elle ? A cette seconde question mes soupçons se réveillerent ; je la regardai encore, & j'hesitai à lui répondre. Vous ne dites rien, continua-t'-elle ? vôtre nom n'est-il pas Merville ? Je rougis m'entendant nommer,

mer, ne doutant plus que ce ne fût Guirlanne elle-même. Il ne m'en faut pas davantage, répondit-elle; je vous connois : mais regardez-moy, me reconnoissez-vous à vôtre tour? Je crois, Madame, lui dis-je, vous avoir vûë quelque part. Puisque vous ne me reconnoissez pas encore, ajoûta-t'-elle, je vous donnerai des marques certaines pour juger qui je suis. Elle passa aux autres aprés ces mots, & sortit, en ordonnant qu'on eût un grand soin de nous.

Quand chacun de nous eut fini son ouvrage, une esclave sur le soir vint me prendre sans me rien dire, & me fit signe de la suivre; je le fis. Elle me conduisit dans un petit cabinet éclairé de bougies, où je vis Guirlanne (car c'étoit elle) couchée sur un lit de repos, qui, quand je fus entré, ordonna à l'esclave de sortir & de tirer la porte sur nous.

Merville, me dit-elle, je n'ai point voulu vous presser tantôt : mais à présent il ne vous est plus permis de me méconnoître. L'avanture est assez surprenante, Madame, lui répondis-je, pour m'avoir fait douter d'abord. Oui sans doute, répondit-elle, & plus surprenante que vous ne pensez encore. Mais, Merville, parlons d'autre chose; une autre fois vous sçaurez comment il est possible que que je me trouve la maîtresse de ces lieux. Estes-vous toûjours le même à mon égard? Helas! Madame, repartis-je, quelle inquietude pouvez vous maintenant avoir des sentimens d'un malheureux perfecuté des Dieux & des hommes, qui depuis un tems infini languit d'efclavage en efclavage, dont la vie n'eft qu'un tiffu de maux dont fon efprit & fon corps font accablez, & dont la bouche même n'eft ouverte qu'aux foûpirs, dont les yeux ne voyent le jour qu'à regret ? Voyez l'état où je fuis ; je ne fçai même comment vous avez pû me reconnoître au travers la pâleur & l'affliction peintes fur mon vifage. Le cœur, repartit-elle, n'eft jamais trompé; je vous ai trop aimé, Merville, vôtre image a dans le mien été gravée avec des traits ineffaçables; en vous approchant même j'ai senti une émotion qui m'avertissoit que vous m'étiez cher. L'état où je vous ai vû m'a fait soûpirer, & j'ai repris enfin tout l'amour que vous m'avez donné; vous sçavez ce que cet amour a mis de changement dans ma destinée. J'ai quitté mon pays, mes parens, j'ai fui de la maison de mon mari, que ses chagrins ont fait courir à la mort ; car j'ai sçû, par les soins que j'ai pris, qu'il s'étoit fait tuer à l'assaut d'une ville. Une infinité de malheurs ont depuis achevé de combler toute l'horreur de mon sort. C'est vous, Merville, c'est vous à qui je dois le dérangement de ma vie; sans vous, aimée d'un mari tendre, cherie des miens, estimée partout, joüissant de la vie la plus heureuse, je goûterois en repos tout le charme dont l'innocence & la vertu sont accompagnées dans un cœur qui les possede. Helas! Merville, les remords les plus affreux me perſecutent & me devorent ; je vous retrouve enfin, n'aurai-je que ces remords en partage? De quels mouvemens n'ai-je point été agitée depuis que je ne vous ai vû ? Un moment avant de vous retrouver je vous ſouhaitois encore avec ardeur. Enfin je vous retrouve, rendez-moy le repos, la vie, dont je ne joüirois que pour la haïr, rendez-moy à moy-même, vous me conſolerez ; car vous ſeul pouvez calmer le deſeſpoir qui s'éleve ſouvent dans mon ame.

Aprés ce discours, Guirlanne s'arrêta, les larmes lui vinrent aux yeux. Qu'exigez-vous de moy, lui dis-je, Madame ? Ma vie va peut-être bientôt finir ; les remords que vous venez de me montrer me persuadent que vous ne voudrez pas en persecuter le reste. Vous le sçavez, j'adorois Misrie, je l'ai perduë pour jamais ; jugez de moy par vous-même. Helas ! malgré les malheurs où vous entraîna un funeste amour, vous n'avez pû m'oublier; ai-je plus de pouvoir sur mon cœur, qu'un engagement innocent captive, que ne vous en devoient donner sur le vôtre des remords qui vous ont forcée à condamner une passion malheureuse ? Laissez-moy, Guirlanne, laissez-moy finir des jours languissans dont vous commençâtes l'infortune; que ce miserable esclave que vous voyez devant vous ne soit plus pour vous qu'un objet de compassion. Il est dans un état qui ne doit inspirer que ce sentiment;

tout vous y invite, vôtre repentir même combat pour moy dans vôtre cœur: les fautes que le repentir efface valent une vertu, une innocence sans interruption. Livrez vous à ce sentiment genereux, forcez vos mouvemens de desespoir à se taire, par des actions qui rendent le calme à vôtre ame.

Ce discours, que je prononçois à genoux avec vivacité, & en tenant une des mains de Guirlanne, lui firent verser une abondance de larmes. Je connus que

mes paroles l'avoient tou-
chée : Ah Guirlanne, ajoûtai-je, quel plaisir pour
Merville, de voir enfin la
sagesse de retour dans vôtre ame ! Si mon cœur n'a
pû répondre à vôtre amour
pour moy, j'y sens en cet
instant naître une amitié
qui ne finira jamais. Oui,
Guirlanne, vous m'êtes à
present chére, puisque la
vertu vous l'est. Répondez-
moy, Guirlanne, me trom-
pai-je ? Ah Merville, s'é-
cria cette Dame en levant
les yeux au Ciel, qu'il est
bien vrai que cette vertu a

des charmes puiſſans dans un cœur qui l'écoute ! Ce que vous venez de me dire m'a fait prendre une reſolution qui a verſé dans mon ame un plaiſir que les crimes les plus heureux ne ſçauroient y donner. Oui, Merville, vous m'avez vaincuë, joüiſſez de la ſatisfaction de le penſer ; je cede à ce repentir, je cede à vos larmes, je cede aux Dieux, que je n'ai que trop irritez contre moy, & qui m'inſpirent ; je ſuis contente de cette amitié que vous me promettez, je vous en jure une éternelle, au lieu de cet amour qui fit vos malheurs & les miens : mais avec cette amitié mon cœur vous prepare d'autres biens que vous n'attendez pas. O Ciel ! s'écria-t'-elle aprés, que tes desseins sont incomprehensibles ! quel enchaînement de malheurs ! quels évenemens, pour nous conduire à l'union la moins attenduë & la plus surprenante !

Ces paroles, que je ne compris pas, me prouverent du moins que le changement de Guirlanne étoit sincere. Elle se leva, pour appeller l'esclave qui m'avoit conduit dans le cabinet. Elle parut, Guirlanne lui demanda des clefs, que cette esclave lui donna dans le moment. Prends un flambeau, continua-t'-elle, & nous éclaire.

J'étois inquiet de tout ce que cela signifioit ; Guirlanne ne m'instruisoit de rien, & soûpiroit. Je flotois entre la crainte & certain sentiment de plaisir qui se combattoient. L'esclave marcha devant nous. Suivez-moy, Merville, me dit alors Guirlanne, & soyez sans inquietude. Je le fis; elle me prit par la main: nous descendîmes un petit degré, qui nous conduisit dans un appartement reculé, composé de chambres basses, éclairées par de petites fenêtres trés-hautes, dont le jour qu'elles donnoient devoit être obscur & triste. L'humidité rendoit ces chambres mal saines & dangereuses. C'étoit où le mari de Guirlanne enfermoit les esclaves ou qui tomboient malades, ou dont il étoit mécontent.

Nombre de morceaux d'habits épars, des bâtons, des foüets, & d'autres instrumens des supplices de ces malheureux, marquoient encore la cruauté dont on usoit à leur égard. Nous en traversâmes trois, & l'esclave ouvrit la derniere, où je vis un homme enchaîné étendu à terre. A cet aspect je reculai d'horreur: O Ciel! Guirlanne, où me conduisez-vous? & de quel spectacle affligez-vous mes yeux? A ces paroles, le malheureux tourna la tête, qu'il tenoit appuyée sur une

de

de ses mains, & me regarda. Nos yeux se rencontrerent, & je sentis que nous nous regardions tous deux de la maniere du monde la plus touchante. Approchez, me dit Guirlanne ; craignez-vous de voir des fers, vous qui en avez porté ? Il n'étoit pas besoin de me presser davantage, je me sentois entraîné à m'approcher de cet inconnu par un charme secret. Quand nous fûmes assez prés : Vous reconnoissez-vous, nous dit Guirlanne ? Ah Ciel ! quel moment, & quelle reconnoissance! Il n'en falut pas davantage pour instruire & mon cœur & mes yeux. C'étoit ma chere Misrie que je voyois, & qui me tendoit les bras avec une vivacité que l'amour seul peut donner. Je me jettai à genoux, mes transports furent inconcevables, toute mon ame suffisoit à peine pour y fournir; je voulois parler, mes soûpirs confondoient mes paroles. Ma chere Misrie, m'écriois-je en baisant ses mains enchaînées, mes yeux ne m'abusent-ils point? Ah Guirlanne, que les

Dieux vous recompenfent.

Pendant que je difois ces mots, Mifrie m'arrofoit le vifage de fes larmes, & me ferroit entre fes bras Guirlanne laiffa d'abord fatisfaire l'ardeur de nos premieres careffes, & jettant aprés fes bras fur nous deux : Le plaifir que je vous fais aujourd'hui à tous deux, dit-elle la larme à l'œil, peut-il me faire efperer que vous aurez de l'amitié pour moy ? Ah Ciel ! m'écriai je, je ne vous aimerois point, Guirlanne, quand ma reconnoiffance eft auffi vive que mon amour, quand vous me rendez un bien si précieux, un bien qui me comble d'une felicité qui passe le sort d'un mortel? Ah Guirlanne, dit alors Misrie, qui n'avoit point encore parlé, quoy vous brisez des fers dans lesquels vous m'avez dit aujourd'hui que je devois expirer? Me livrerai-je sans crainte à toute la joye que ressent mon cœur? Non seulement je romps vos fers, repartit Guirlanne, aimable Misrie: mais je me sens encore une tendresse infinie pour vous. Joüissez de la liberté, je vous la donne avec tous les biens que je possede ; goûtez desormais en paix le plaisir d'être aimé de Merville, il vous conserve un cœur fidele, & le mien n'exige de vous deux que vôtre amitié. Mais sortons de ces lieux, ils ne conviennent plus à la joye qui remplit vos cœurs.

Aprés ce discours, elle voulut elle-même rompre les fers de Milrie, qui l'embrassoit avec tendresse, & nous sortîmes de ces tristes chambres, pour remonter dans l'appartement de Guirlanne. Là je sçus que Misrie n'avoit été chargée de fers que du jour même, & que Guirlanne n'avoit feint de la traiter si cruellement, que parce que m'ayant reconnu, elle vouloit du moins avoir le plaisir de nous surprendre agreablement, si elle n'avoit pas celui de m'attendrir pour elle. Vous sçaurez par la suite comment Misrie se trouvoit chez elle.

Guirlanne ne se démentit point, elle nous accabla de caresses les plus obligeantes. Nous attendîmes le lendemain, pour nous raconter par quels évenemens le Ciel avoit amené cette avanture surprenante ; & le matin Guirlanne se leva, me fit avertir de m'habiller, & alla elle-même éveiller Misrie, qui ne l'appella plus que du doux nom de mere. Ma fille, lui dit Guirlanne, Merville va venir nous trouver, nous irons nous promener dans les allées du jardin, & là couchées sur le gazon, nous nous apprendrons mutuellement tout ce qui nous est arrivé. J'y vins comme elle achevoit ces mots, & nous nous rendîmes dans le jardin. Elles voulurent que je leur rapportasse d'abord mes avantures. Misrie en ignoroit le commencement ; je le passai le plus legerement que je pus, quand j'en vins aux maux que j'avois soufferts aux mines. Je fis un récit exact des soupçons que j'avois eus que Misrie étoit enfermée dans la caverne auprés de la mienne. Je repetai tout ce que mon amour alarmé m'avoit fait dire au Turc; & Misrie, quand j'eus parlé, me me dit que c'étoit elle-même que le jeune Turc menaçoit d'outrager. Elle m'avoüa que souvent à mes soûpirs elle avoit senti les mêmes émotions que moy; & je finis mes avantures au changement de patron qui m'avoit fait passer dans la maison de Guirlanne.

Aprés mon recit, Guirlanne pria Misrie de prendre la parole, & voici ce qu'elle nous apprit en peu de mots, aprés qu'elle eut appris à Guirlanne le commencement de nos avantures. Je compris bien que l'inconnu qui m'enlevoit me prenoit pour quelque Dáme qu'il aimoit, & qui me ressembloit : mais trompé par cette ressemblance que j'avois avec elle, en vain par mes cris & mes larmes m'efforçai-je de lui faire comprendre que je n'étois point celle qu'il cherchoit; il n'écouta rien, & m'emporta sur son cheval. Nous nous rencontrâmes alors prés du rivage de la mer, me dit Misrie en s'adressant à moy, & je pensai mourir de douleur de cet autre accident, où vous fûtes bleſſé, & que le ſort ſembloit n'avoir fait naître que pour redoubler la douleur que j'avois de vous perdre.

L'inconnu, quand nous fûmes arrivez à la mer, parla au Capitaine d'un vaiſſeau marchand, qui partoit ſur le champ pour quelques Iſles appartenantes aux Anglois. L'inconnu me força d'y entrer avec lui : de quoy m'auroit ſervi ma reſiſtance ? nous fûmes bientôt en pleine mer.

La douleur m'accabla d'une langueur ſi grande, que

je me couchai sur un lit, où l'inconnu me laissa reposer. Aprés un leger assoupissement, il entra dans la chambre où l'on m'avoit mise. Quel mal vous ai-je fait, lui dis-je alors en versant des larmes, vous qui m'enlevez avec violence, vous que je n'ai vû de ma vie?

Quand j'eus prononcé ces mots, cet homme s'arrêta devant moy, & m'examina avec une attention qui m'auroit épargné bien des malheurs, s'il se l'étoit donnée plûtôt. Il s'approcha plus prés de moy, &

levant alors les mains au Ciel : Grands Dieux, s'é-cria-t-il, qu'ai-je fait ? Je me suis mépris, un trop grand amour m'a seduit. Ah Madame, éclatez contre moy en toute liberté, je merite vôtre haine, vous n'êtes point Ostianne.

La douleur que je vis que lui donnoit sa méprise retint mon emportement. Si je ne suis point celle que vous cherchez, répondis-je, voyez dans quels malheurs me plonge vôtre erreur. Vous m'avez arrachée de ce que j'avois de plus cher au monde, & vous portez la mort dans mon cœur. Ce que vous avez de ressemblance avec celle que j'adore, repliqua l'inconnu, me punit assez, Madame, du mal que je vous ai fait; je partage avec vous la douleur qui vous presse, elle penetre dans le fonds de mon cœur; ce cœur rempli d'une image que vous lui representez, s'attendrit de vos larmes, & s'en fait un sujet de desespoir. Helas! le sort qui me poursuit, m'accable d'une peine peut-être jusqu'ici inconnuë à toute autre ; & fans aimer que ma chere Oftianne, je me trouve par un effet bizarre tendrement fenfible aux maux de celle qui lui reffemble. Mais, Madame, ajoûta-t'-il, il faut que vous foyez inftruite de la caufe de mon erreur. Oftianne, comme je vous l'ai dit, eft le nom de celle que j'aime. Nous fommes tous deux Anglois; nos maifons étoient voifines à la campagne, fon pere étoit broüillé avec le mien par d'anciennes querelles de famille qui continuerent toûjours.

Il y avoit prés de nos maisons des bains où l'été se baignoient les Dames. Ostianne alloit s'y baigner quelquefois. Un de mes amis la voyoit souvent chez son pere; il en devint amoureux, il la demanda en mariage : & comme il étoit en naissance égal à Ostianne, que d'ailleurs il étoit riche, on ne lui refusa point. Je n'ai jamais sçû quels sentimens son amour & sa recherche avoient fait naître dans le cœur de l'aimable Ostianne : mais un jour cet ami vint me trouver, transe porté de joye d'être accepté pour époux de cette fille. Je fus le témoin de ses transports ; il m'en fit un portrait charmant. Je veux que tu la voyes, me dit-il, & tu jugeras par tes yeux si ma joye est raisonnable. Ostianne doit sur le soir s'en aller aux bains ; j'engagerai celui qui en a soin de nous cacher tous deux dans un petit cabinet joignant le bain, & là d'une petite fenêtre nous pourrons voir arriver Ostianne, sans qu'elle nous voye. J'acceptai la partie, & je sentis même de la curiosité pour sçavoir si tout ce qu'il me disoit de sa beauté, n'étoit point une chimere dont son amour prodigieux repaissoit les yeux.

Nous passâmes cette journée jusques sur le soir ensemble. Nous étions dans les plus beaux jours de l'été. Quand il jugea que l'heure approchoit à laquelle Ostianne se rendroit aux bains: Partons, me dit-il, afin d'arriver avant elle ; car il ne sera plus tems de la voir si elle se baignoit, celui qui a soins des bains ne nous le permettroit pas. Je le suivis ; nous parlâmes à cet homme, nous lui fîmes entendre que nous ne voulions la voir qu'un instant, & nous en revenir. Il y consentit, & nous dit qu'Ostianne étoit arrivée un moment avant nous. Nous entrâmes dans le cabinet, & je jettai les yeux sur les bains au travers la vitre de ce cabinet. J'apperçus deux femmes, que mon ami me dit être Ostianne & sa fille de chambre. Que d'appas, que de beautez frapperent mes yeux ! Non jamais les Dieux ne formerent de plus bel ouvrage. Oftianne étoit de vôtre taille, & c'eſt vous dire qu'elle en avoit une avantageuſe. Elle n'étoit habillée que d'une longue robe de chambre traînante, dont les manches relevées avec des rubans de couleur de feu, ajoûtoient aux charmes de deux bras propres à ravir : un corſet qui marquoit la delicateſſe de ſa taille, delaſſé à moitié par devant, avec une negligence qui ſembloit un ouvrage de l'amour, laiſſoit entrevoir une gorge... Ah Ciel! que devins-je à cette vûë ? J'oubliai avec qui j'érois ; mes yeux se fixerent sur Ostianne avec une application dont mon ami eut toutes les peines du monde à me tirer. Je pris à longs traits le funeste poison qu'amour versa dans mon cœur, & je me retirai avec une distraction dont mon ami fut surpris. Il me demanda ce que je pensois d'Ostianne. Ah Dieux, m'écriai je! ce que j'en pense, lui répondis-je ; que ta felicité n'a point de bornes, & que de tous les hommes qui respirent il n'en est point dont la vie puisse avoir autant de douceur que doit bientôt en avoir la tienne.

Nous sortîmes aprés ces mots, & mon ami me laissa chez moy.

Quand je me vis seul, je me representai ce que je venois de voir ; je me sentis agité de mouvemens sans nombre, je m'écriois, je n'étois plus le maître de moy-même, tout me montroit Ostianne, je croyois la voir à chaque instant. Que vous dirai-je ? enfin je me resolus de mourir avant que de la voir passer dans les bras d'un autre. Le scrupule de l'amitié combattit vainement mon amour, je ne conçûs de gloire, de bonheur qu'à posseder Ostianne, & qu'à toucher son cœur ; & malgré les difficultez qu'il y avoit dans des desseins que je meditois déja, je me determinay, à quelque prix que ce fût, de les executer.

Le lendemain je retournai à celui qui nous avoit introduits dans le cabinet. Il me permit encore d'y entrer, je revis Ostianne, &

cette seconde vûë acheva de m'ôter ce qui me restoit de raison. Je sçavois qu'elle devoit épouser mon ami dans huit jours : Il est tems, dis-je en moy-même d'executer mes desseins. Je n'attendis que le lendemain pour le faire, & le hazard sembla conspirer pour moy. Je pris trois domestiques avec moy ; sur le soir nous montâmes à cheval, & je les laissai dans une allée d'arbres que traversoit Ostianne quand elle s'en retournoit chez elle en sortant des bains. Elle en revenoit

venoit trés-tard ; & comme ces bains étoient prés de la maison de son pere, elle n'avoit ordinairement avec elle que sa femme de chambre. Cette nuit étoit trésobscure. J'attendis le moment qu'elle parut avec une impatience qui m'alarmoit sur les obstacles qui pourroient m'arriver. Enfin elle vint : mes gens & moy nous étions masquez. J'approchai d'elle ; elle eut quelque frayeur & s'enfuit. Je la rattrapai bien vîte, & sans prononcer un seul mot je l'enlevai malgré ses cris. Mes gens m'aiderent à la mettre sur mon cheval, & je l'emportay à deux lieuës de chez moy, dans une maison qui m'appartenoit. J'ai oublié de vous dire, qu'avant de faire cet enlevement, j'avois pris mes mesures avec tant de vîtesse, que j'avois fait transporter le jour d'auparavant dans cette maison tous mes bijoux, & l'argent que j'avois pû faire de mes biens. Que l'amour fait d'étranges changemens dans la conduite des hommes !

Quand je fus arrivé avec Ostianne, je jugeai bien que

je ne devois pas m'arrêter long-tems dans cette maison. Je me chargeai de ce que j'avois de plus precieux, & je m'éloignai de chez moy avec mes gens, dans le dessein de passer dans un Royaume étranger avec Ostianne, & d'obtenir sa main à force de tendresse & de soûmissions. Aprés avoir marché, presque sans discontinuer, le reste de la nuit & toute la journée, nous arrivâmes sur le soir à un village, où nous trouvâmes un endroit où l'on pouvoit loger. Je m'y arrêtai, je mis Oftianne dans une chambre, & je me jettai alors à ses genoux pour lui demander pardon de ma violence.

Quand je pourrois l'oublier, me dit-elle avec une douleur d'autant plus violente, qu'elle étoit tranquille, les Dieux ne la laisseroient point impunie, & tout le fruit que tu retireras de ta lâcheté se reduira peut-être à me rendre éternellement malheureuse.

Oftianne, ma chere Oftianne, m'écriai je, j'ai fait un crime affreux ; & quand il ne seroit point de Dieux vangeurs, vôtre colere me puniroit bien plus qu'ils ne peuvent le faire, & la crainte de leur foudre n'a rien de comparable à celle que vous pouvez m'inspirer. Mais, Ostianne, que ne pouvez-vous comprendre combien un amour aussi violent que le mien rend pardonnable ce crime dont il m'a dérobé l'horreur. Ah! si j'avois pû la connoître telle qu'elle est cette action temeraire, le respect que vous inspirez m'auroit fait fremir de l'avoir seulement pensée: mais mon cœur est la victime d'un amour prodigieux, qui ne m'a laissé de sentimens que ceux du desespoir le plus affreux. Quand j'ai vû que vous alliez m'être enlevée, ce desespoir a tout fait ; & dans ce moment même où j'avouë mon crime, je sens qu'incapable du moindre outrage envers vous, je serois encore tout prêt à vous disputer contre toute la terre. Mais enfin, belle Ostianne, je vous vois, & mon ame délivrée de ses alarmes, vous jure un respect éternel, dont vôtre haine & vos rigueurs ne pourront jamais triompher, content de ne vous point voir dans les bras d'un autre.

Faites contre moy éclater vôtre courroux, c'eſt une vangeance dont je ne murmurerai point, & ma main, quand vous le voudrez, armera la vôtre ſi vous ſouhaitez ma vie.

Oſtianne à ces mots ne répondit que par des ſoûpirs. Je lui fis encore mille diſcours: mais ſes ſeuls gemiſſemens continuerent; & craignant d'irriter ſa douleur, je la laissai avec sa fille de chambre, que j'ai oublié de vous dire que nous avions enlevée avec elle.

J'allai m'enfermer dans ma chambre ; & quoique je fusse peu disposé à prendre du repos, je me couchai pour attendre qu'il fût jour.

O Ciel ! c'est ici que tu justifias les predictions d'Ostianne ; c'est ici le moment où disparut le court succés de mon crime. Le lendemain je me hâtai de m'habiller, pour continuer mon chemin ; je passai aprés dans la chambre d'Ostianne: elle étoit

étoit fermée. Je l'ouvris, & mes regards chercherent en vain Ostianne. Je ne la trouvai plus, ses fenêtres étoient ouvertes. Elles donnoient sur un petit jardin. Je me desesperai, j'appellai à mon secours, mes cris retentirent dans toute la maison. Mes gens & ceux de cette maison vinrent à moy. Je leur demanday avec fureur ce qu'ils avoient fait d'Ostianne; je tirai mon épée, & j'allois m'en percer, si l'on ne m'eût retenu le bras.

Personne ne put m'en apprendre de nouvelles, & l'on s'apperçut seulement qu'il manquoit un des domestiques de la maison. Je jugeai que ce malheureux, à l'appas de quelque recompense, auroit bien pû faciliter la fuite d'Ostianne & de sa femme de chambre, & qu'il s'étoit enfui de son côté, craignant qu'on ne le découvrît pour auteur de cette malheureuse avanture. Ma douleur, quoique telle que vous la pouvez juger, ne m'empêcha pas de sortir de ce lieu pour courir sur les pas d'Ostianne.

J'esperai qu'un coup de hazard pourroit me la rendre, & quand je vous rencontrai, il y avoit six jours que je la cherchois.

La ressemblance prodigieuse que vous avez avec elle me frapa d'abord. Vous fuîtes avec vîtesse dans le petit bois, où je vous joignis ; & cette fuite jointe à cette ressemblance, ne me laissa point douter que ce ne fût elle-même : mais helas ! mes yeux, que l'amour abusa, sont cruellement détrompez. Ostianne avoit comme une petite tache au coin de l'œil, que vous n'avez point; vôtre voix est un peu differente de la sienne, & dans ces traits ressemblans je démêle à present ce qui distingue les uns des autres.

L'inconnu s'arrêta aprés ces paroles, & recommença à gemir de la douleur que lui laissoit sa méprise: Vous me devenez chere, me dit-il, par cette ressemblance que vous avez avec Ostianne, & mon cœur, sans être infidele, sent pour les maux que je vous fais un chagrin tendre, où l'amour que j'ai pour Oſtianne a part.

C'eſt ainſi que j'appris de l'inconnu les raiſons d'un enlevement fatal qui m'arrachoit de ce que j'aimois.

Cependant nous paſſâmes encore prés de deux mois à nous plaindre l'un & l'autre : mais le ſort me preparoit de nouveaux malheurs. Une ſoudaine tempête s'éleve, la foudre à tout moment menace d'abîmer le vaiſſeau dans le fonds des mers, les vagues irritées l'élevent juſqu'au ciel, & le precipitent au même inſtant. Le pilote lutte en vain contre les vents & l'orage, ils rendent tout ſon art inutile. Des cris affreux font par-tout retentir le vaiſſeau, l'image de la mort ſe peint ſur tous les vilages. Nous approchons malgré nous des côtes dangereuſes, dont les rochers s'avancent dans la mer ; le vaiſſeau heurte & ſe fend, l'onde y entre à grands flots : les uns periſſent ſur le champ, les autres ſe jettent dans la mer, & trouvent une mort certaine dans les flots, dont ils esperoient s'échaper. On en voit qui se saisissent d'une planche, & qui avec ce foible secours flotent sur la mer, dont les ondes les entraînent au hazard, & semblent souvent les submerger.

L'inconnu dans ce peril pressant est du nombre de ceux qui se sont saisis d'une planche. Il me prend par mes habits, & m'arrache, pour ainsi dire, à la fureur des ondes.

Nôtre planche nous conduit au bord de la côte ; l'inconnu saute sur le rocher,

& me sauve avec lui. Déja le vaisseau est au fond de la mer, la tempête a fait perir tout le monde, & nous sommes les seuls échapez du naufrage. Quand je fus revenu du desordre où m'avoit jettée la crainte : Nous échapons, lui dis-je, à la mort, pour la retrouver peut-être d'une maniere plus affreuse. Cet infortuné me dit alors tout ce qu'il put s'imaginer pour me consoler. Nous avançâmes bien avant sur la côte, pour sçavoir dans quel endroit nous étions, & s'il étoit habité. Une vaste forêt se presenta à nos yeux, de l'autre côté des montagnes, & nous apperçûmes une troupe d'hommes presque nuds, qui nous parurent des Sauvages. Ils accoururent à nous quand ils nous virent. Ah Ciel! m'écriai-je, c'en est fait, perissons avant que de tomber entre les mains de ces barbares.

Ces paroles porterent le desespoir dans le cœur de l'inconnu. Il avoit encore son épée. Non, Madame, dit-il en la tirant, je verserai tout mon sang avant que vous executiez une resolution si terrible; je ne vois plus à present en vous que ma chere Ostianne.

Aprés ces mots, il attendit avec intrepidité les Sauvages, qui courant de çà & de là l'entourerent. Un d'eux voulut approcher; l'inconnu le renversa d'un coup de son épée. A peine le coup étoit-il donné, que vingt fleches furent tirées sur l'inconnu; car ces barbares portoient un carquois en trousse. Quand je le vis tomber, je courus pour me saisir de son épée, & pour me tuer: mais les Sauvages m'en empêcherent ; ils me conduisirent tous dans une cabane qui étoit au milieu de la forêt.

Celui à qui appartenoit la cabane voulut m'enfermer dedans : mais les autres dans leur langage lui firent entendre, à ce que je pus juger aprés, qu'il faloit tirer au fort pour sçavoir à qui je resterois. Le Sauvage qui m'avoit enfermée s'obstinoit à ne me point rendre. Il y en avoit deux autres qui s'estoient jettez les premiers sur moy, & je vis qu'ils pretendoient que c'étoit à eux à qui j'appartenois legitimement. Chacun alors se fit un droit sur moy. Cette contestation en vint jusqu'à la colere ; ils se tirerent des fleches, il y en eut beaucoup de tuez. Deux de ces Sauvages se retirerent du combat, enfoncerent la porte de la cabane, & m'enleverent. Je marchai avec eux prés d'une demi-heure, en côtoyant la mer. Un coup de bonheur me tira de leurs mains. La tempéte avoit en cet endroit poussé un vaisseau qui n'avoit pas eu le malheur de se briser comme le nôtre. Les hommes en sortoient en foule. Un d'eux, qui me parut le plus considerable, vit la violence avec laquelle les deux Sauvages m'obligeoient de les suivre. Il ordonna sur le champ qu'on punît ces malheureux; alors cinq ou six soldats vinrent à mon secours.

Les Sauvages ne les attendirent pas, ils me quitterent, & s'enfuirent dans le fonds de la forêt. Celui à qui je devois mon salut m'aborda d'un air respectueux, & me parla dans des termes les plus obligeans sur mon malheur. Je lui répondis d'une maniere qui l'assuroit de ma reconnoissance, & je jugeai aprés que cet homme étoit un Marchand Turc.

Il eut de moy depuis ce moment tous les soins imaginables; cependant il fit travailler à son vaisseau, & en peu de jours il se remit en mer.

Nous fûmes encore prés d'un mois dans nôtre navigation. Le Marchand me fit comprendre qu'il souhaitoit que je cachasse mon sexe, & que je misse des habits d'homme. Je ne devinay point quel étoit son dessein ; je fis ce qu'il voulut, & nous abordâmes dans ce pays.

Le Marchand Turc me conduisit chez lui, & fit entendre à sa femme que j'étois un jeune homme qu'il avoit sauvé des mains des Sauvages ; que je luy avois plû, & qu'il avoit dessein de me garder. Cette femme lui dit que je paroissois meriter l'amitié qu'il avoit pour moy, & qu'il faloit voir à quoy j'étois propre. On me logea dans une chambre proche de celle où logeoit le Marchand. Je ne préfageai rien de bon de cette avanture, & le déguifement que le Marchand m'avoit fait prendre me fit aifément juger que j'étois efclave, expofée aux funeftes fuites d'un amour que je comprenois être la caufe de la precaution qu'il avoit prife de cacher mon fexe aux yeux de fa femme.

Je ne me trompois point ; le Marchand Turc quelques jours aprés me dit : Vous

Vous sçavez, Madame, que j'ai sauvé vôtre vie, & peut-être vôtre honneur des insultes des Sauvages; n'est-il point dans vôtre cœur de reconnoissance un peu tendre pour moy ? Je vous avouë que l'instant où je vous vis me donna de l'amour, en m'inspirant de la compassion pour l'état où je vous vis. Me flaterai-je que vous n'en haïrez pas l'aveu ?

Seigneur, lui dis-je, je vous avouërai à mon tour que je ne m'attendois pas à ce que vous me dites. Vous m'avez sauvé la vie,

& peut-être l'honneur, dites-vous; ah Seigneur, est-ce me le sauver cet honneur, que d'exiger de moy que je réponde à vôtre tendresse ? Faites sur vous un effort plus genereux, rendez moy à mon sexe, que je quitte ces habits, que vous ne me fites sans doute prendre que dans des vûës que vous devez condamner vous-même. Il n'est plus tems de le faire, me répondit-il, ma femme est une jalouse qui ne manqueroit pas de soupçonner les veritables raisons de ce déguisement, & peut-être en souffririez-vous vous-même. Eh qu'ai-je à craindre de plus funeste que vôtre amour, lui répondis-je? Vous ne serez peut-être pas toûjours dans les mêmes sentimens, me repartit-il en me quittant, & vous reflechirez sur ce qui pourroit suivre des refus obstinez. Il sortit en disant ces mots, sans me donner le tems de lui répondre. Il est aisé de penser quel fut alors mon desespoir. Je ne voyois rien qui pût me tirer de l'état où j'étois: mais les Dieux peuvent tout, & les choses qui paroissent les plus impossibles à nos reflexions bornées ne sont, pour ainsi dire, qu'un jeu pour eux. La femme du Marchand conçut en me voyant de tendres sentimens pour moy. Cette femme cherchoit l'occasion de me les declarer. On ne m'avoit encore donné aucune occupation, & je passois les momens qu'on me laissoit à redoubler mes peines par les reflexions les plus sensibles.

J'étois un jour descenduë

dans une petite grote, après une conversation avec le Marchand, qui ne me donnoit, disoit-il, que huit jours à me determiner sur ce que je voulois faire. Ces dernieres paroles qu'il m'avoit dites en me quittant, m'avoient jettée dans une douleur dans laquelle je souhaitois de succomber, quand la femme du Marchand entra dans cette grote.

Elle vit les larmes que je répandois : Beau jeune homme, me dit cette femme, tu pleures & tu gemis d'une maniere bien dangereuse pour ceux qui sont témoins de ta douleur; on ne peut voir souffrir un homme fait comme toy sans s'attendrir pour lui, & s'il y avoit moyen de soulager tes peines, il n'est rien que tu ne puisses attendre de moy. Helas, Madame, lui répondis-je, elles sont d'une espece à ne pouvoir être gueries que par des évenemens que je ne dois point esperer. Les Dieux font rarement des miracles, & je ne puis cependant avoir de repos que par là. Les Dieux, répondit-elle, ne nous donnent pas toûjours ce que nous demandons : mais souvent ils adoucissent les maux les plus grands. Si tu devenois sensible aux sentimens que j'ai pour toy... Elle s'arrêta en cet endroit, & rougit. Ces paroles me surprirent extremement : Je ne merite pas, répondis-je, les bontez que vous me témoignez ; il y auroit trop de danger pour moy à ressentir cette sensibilité que vous me demandez. Je dois la vie à vôtre époux, & les Dieux sans doute me puniroient de ma perfidie. Nous ne faisons pas toûjours ce que nous devrions faire, repartit-elle, & nous sommes sujets à tant de foiblesses, qu'il est bien difficile de ne pas s'oublier quelquefois. Crois-tu que je n'aye pas fait les mêmes reflexions que toy ? Je sçai tous les dangers que tu cours avec moy ; pardessus cela, les Dieux m'épouvantent. J'ai combattu : mais toûjours mon penchant m'entraîne, toûjours ton image se presente à mon esprit, & dans ces

ces momens & les dangers & le Ciel n'agissent que foiblement sur mon cœur; je suis entraînée malgré moy. Je te parle à present, & t'en ai dit même plus que je n'avois resolu : mais enfin c'en est fait, tu sçais que je t'aime, ce mot m'est échapé. Tu es malheureux, tes chaînes avec moy seront changées en chaînes d'or; consulte-toy.

Quand je vis que cette femme continuoit toûjours à vouloir m'attendrir pour elle, je pris une resolution que peut-être dans d'autres momens aurois-je trouvée dangereuse. Madame, lui dis-je, ce que je vais vous avoüer va vous rendre à toute l'indifference que vous voudriez avoir. Le Ciel, qui sans doute vous aime, a mis un obstacle invincible aux foiblesses de vôtre cœur pour moy. Et quel obstacle, dit-elle avec precipitation, peut meriter que tu le nommes invincible ? Apprenez, répondis-je, un secret que vôtre mari vous a caché ; cet habit cache une malheureuse fille qu'il délivra des mains d'une troupe de Sauvages. Ah le perfide ! s'écria-t'-elle, ne lui pardonnant pas une infidelité dans laquelle elle étoit tombée elle-même, je ne m'étonne plus s'il te retient en ces lieux, sans doute il sçait ton deguisement. Là-dessus je lui avoüai tout ce qui en étoit, & je finis en lui disant : Quand vous m'avez crû garçon, vous aviez de la tendresse pour moy ; changez-la maintenant, Madame, en compassion ; affranchissez-moy des poursuites d'un infidele dont vos charmes devroient fixer le cœur. J'aurai soin de t'en délivrer, me dit-elle, en se levant d'un air pensif & inquiet, & vous aurez bientôt des marques de mon amitié. Elle me tint sa parole, même dés le lendemain : mais non pas d'une maniere qui prouvât qu'elle en agît par sentiment d'amitié, comme elle me l'avoit dit.

Le Marchand, qui m'avoit donné huit jours pour me determiner, ne me parloit plus, pour me laisser le tems de me resoudre à ce qu'il exigeoit; & ce qui facilita à sa femme les moyens d'executer ce qu'elle projettoit pour m'éloigner, fut un coup de hazard, qui pendant l'absence de son mari fit arriver un Turc pour emmener quelques esclaves, que son maître quelques jours avant avoit achetez du Marchand. Comme il n'étoit point alors à sa maison, sa femme me substitua à la place d'un de ses esclaves, qu'elle retint, & me livra au Turc, qui m'emmena avec les autres, malgré les plaintes dont je tâchai d'attendrir cette femme, pour l'engager du moins à me donner la liberté genereusement: mais elle n'y répondit seulement pas, & je ne tirai pour tout fruit de mes plaintes, que le malheur de rendre le Turc qui m'emmenoit instruit de ce que j'étois; car j'eus l'imprudence, dans les discours que je fis à cette femme, de tenir un langage de fille. Le Turc qui m'avoit achetée étoit justement, dit Misrie en s'adressant à moy, celui que vous entendîtes me parler dans la caverne.

Ce jeune homme conçut pour moy une paſſion infâme, dont même il m'entretint en me conduiſant où nous allions L'air dont je lui répondis lui fit penſer que je ne lui cederois que quand je m'y verrois abſolument forcée.

Nous étions deſtinez à travailler aux mines où vous arrivâtes quelques jours aprés ; & comme le jeune Turc, avec ſon pere, avoit charge d'avoir ſoin de nous faire travailler, il ne lui fut pas difficile de m'enfermer dans cette caverne, où le barbare eut l'audace de redoubler plus fortement que jamais ses infâmes importunitez. J'étois dans cette extremité, quand la mort de nôtre patron m'en tira. Je fus venduë avec tous les autres au mari de Guirlanne. Elle sçait le reste, & il n'est pas besoin que j'en dise davantage.

Et j'ajoûterai pour vous, dit Guirlanne, que je vous vis passer dans le tems que vous arrivâtes avec les esclaves que mon mari avoit achetez. Je vous reconnus

malgré vôtre déguisement.
J'obtins de mon mari que
vous ne travailleriez point;
je vous consolay le mieux
qu'il me fut possible, & j'a-
doucis vos maux par tous
les agrémens que je pus
imaginer. Mon mari mou-
rut, je reconnus Merville,
par la revûë que je fis des
esclaves, & mon amour se
ralluma pour lui : mais pré-
sageant sa constance pour
vous, je vous fis enfermer
hier, Misrie, chargée de
chaînes, dans les chambres
destinées à la punition des
esclaves. Je ne parus si

cruelle, que pour augmenter le plaisir de vôtre surprise en vous rendant Merville. Maintenant, ajoûta Guirlanne, il n'est plus besoin de continuer, puisque Merville a vû tout le reste, & que vous sçavez tous deux ce que je suis à vôtre égard. Il est tems à present que je vous dise ce que je devins, quand j'eus fui de l'endroit où mon mari me surprit avec Merville.

Là-dessus elle raconta de quelle manière elle engagea un des domestiques de la maison à fuïr avec elle, & continua à nous apprendre le reste en quatre mots. Comme nous avions des chevaux, dit-elle, nous fûmes bientôt éloignez. Nous avions bien fait dix ou douze lieuës, quand nous vîmes, au sortir d'un bois, le rivage de la mer.

Le domestique executa alors un dessein, dont ses remords avoient peut-être retardé l'execution, ou qu'il trouvoit alors occasion d'entreprendre avec plus de sûreté. Il prit la bride de mon cheval, & me fit rebrousser dans le bois que nous venions de quitter. L'occasion de m'enrichir est trop belle, dit-il, pour que je doive l'échaper : Madame, donnez-moy tous vos bijoux, & devenez après ce que vous pourrez ; aussi bien ne suis-je plus d'humeur à vous accompagner, & à m'exposer à être pris par ceux qui vous cherchent, & qui pourroient bien vous trouver. Il n'attendit pas que je les lui misse en main, il les prit lui-même, me défit un collier que j'avois, & me laissa dans le bois, en emmenant avec lui les deux chevaux. Va malheureux, lui dis-je, tu es l'instrument de la colere des Dieux contre moy: mais ils te puniront à ton tour.

Il s'éloignoit déja, quand je prononçai ces mots, & je me vis dénuée de tout, sans secours, exposée aux insultes qu'en cet état une femme peut recevoir. Je sortis du bois, sans sçavoir ce que j'allois faire. Je vous ai dit que le rivage de la mer étoit prés de là. A peine eus-je quitté le bois, que j'apperçus trois hommes qui se promenoient le long des arbres. Ils me virent en même tems, & s'approcherent de moy sans aucune affectation. La douleur & le desespoir paroissoient dans mes gestes. Je voulus m'éloigner d'eux : mais alors ils doublerent le pas ; & jugeant bien que j'étois seule, ils me prirent pardessus les bras, en me disant en Anglois corrompu : Vous êtes trop belle, pour qu'on vous laisse dans ce bois ; suivez nous, & vous n'en serez peut-être pas fâchée. Je resistai en criant : mais ils mépriserent des cris qui ne pouvoient être entendus de personne, & ils me forcerent de marcher jusqu'au rivage, où je fus livrée entre les mains de leur maître, qui étoit justement le Turc que j'ai épousé depuis. Je lui plûs si fort, qu'il leur promit la liberté quand il seroit arrivé chez lui, pour les recompenser du plaisir qu'ils lui faisoient. Il jugea bien à mes larmes & à ma douleur que je ne m'étois trouvée seule ainsi dans ce bois que par une avanture extraordinaire. Il attendit pour la sçavoir, que mon desespoir fût un peu calmé. Jamais personne n'en agit avec une femme plus respectueusement qu'il le fit avec moy. Nous partîmes, car son vaisseau n'attendoit que les vents favorables, & nous arrivâmes chez lui. Là il redoubla ses respects & sa tendresse ; il m'offrit sa main & tous ses biens. Mes refus l'affligeoient, sans l'emporter à aucune violence. Je vous avouë que ses manieres, jointes aux soins empressez qu'il avoit de moy, me toucherent de reconnoissance.

Sa

Sa douleur & son amour augmentoient à tout moment, & je consentis enfin par compassion, & par reflexion à l'état où je me trouvois, à l'accepter pour époux.

Jamais homme ne fut si transporté; mais l'infortuné n'a pas joüi long-tems de sa joye; une débauche de toutes sortes de liqueurs, qu'il fit avec ses amis, le fit tomber malade. Il étoit naturellement delicat, son foible temperament n'a pû surmonter le mal qu'il s'étoit fait. Il est mort enfin.

& m'a laissée comblée de biens, qui ne me sont doux, que parce que je veux les partager avec vous. Guirlanne finit là le recit de son histoire, & nous communiqua le dessein qu'elle avoit de s'en retourner en Angleterre. Je sçaurai sans paroître, nous dit-elle, ce qu'est devenu mon mari; s'il est mort, j'en donnerai les biens à vous & à Misrie, avec une partie de ce que je possede ici. Je ne me reserve l'autre que pour achever mes jours dans quelque solitude, où j'exige seulement que vous veniez me voir quelquefois. Pour à présent, il est tems d'achever un bonheur que vous avez merité par tant de traverses, & de vous unir tous deux par des liens éternels. Helas! dit Misrie à ce discours, Merville me donna sa foy quand nous sortîmes de la maison de mon pere, & je ne m'attendois pas que Guirlanne dût jamais confirmer nôtre union. Ah belle Misrie, repartis-je, que cette Guirlanne, à qui nous avons maintenant tant d'obligations, soit encore le

témoin d'une foy déja ju-
rée. Aprés ces paroles,
Guirlanne prit la main de
Misrie & la mienne, & les
joignant ensemble: Que les
Dieux répandent sur vous
toutes les faveurs dont ils
partagent ceux qui les aiment, dit-elle, & qu'un
amour éternel renouvelle
à tout moment les douceurs
de cette union fortunée.
Aprés ce discours, elle nous
embrassa tous deux, & nous
assura qu'elle alloit mettre
ordre à ses affaires. Il est
inutile de vous en faire un
détail ennuyant. Elle vou-

dit ses biens, qui lui produisirent des sommes immenses, & rendit la liberté à tous ses esclaves.

Nous nous embarquâmes enfin quelque tems aprés dans un vaisseau qui partoit pour l'Angleterre, & nous arrivâmes à quelques lieuës de la maison d'Hosbid le pere de Misrie. Nous apprîmes là qu'il étoit mort au service de son Prince dans une action de valeur infinie, qui sans doute étoit l'effet d'un noble desespoir. Hosbid avoit un frere, qui ne sçachant ce qu'étoit devenuë sa niece, avoit eu soin de tous les biens depuis la mort d'Hosbid, dans le dessein de les rendre à cette fille en cas qu'elle revinst un jour. Misrie alla se jetter aux genoux de cet oncle, en me presentant à lui. Nous lui racontâmes nos avantures. Il en fut si touché, qu'il nous mit sur le champ en possession de tous les biens de Misrie. Il voulut voir Guirlanne, qui n'avoit osé paroître; il alla la trouver lui-même, & l'obligea par mille honnêtetez à ne plus penser elle-même à tout ce qui étoit arrivé.

Nous demeurâmes Misrie & moy dans la maison d'Hosbid, & nous engagâmes Guirlanne à y prendre un appartement.

Quels jours heureux n'y passâmes nous pas, ô Ciel! mais j'étois fait pour éprouver l'inconstance du sort. Misrie mourut en mettant un enfant au monde. C'étoit un garçon. Et c'est celui que vous voyez devant vos yeux, ajoûta l'inconnu, en me montrant le jeune homme qui étoit avec lui.

Aprés ce coup, je me trouvai dans une situation d'esprit à pouvoir défier le sort. Je demeurai encore quelque tems en Angleterre; je me broüillai avec les parens de Misrie, qui commencerent à me persecuter, par le chagrin de voir passer le bien de la famille entre les mains d'un homme qu'ils ne connoissoient presque pas. Les afflictions qu'ils ajoûterent à celle où m'avoit plongé la mort de ma chere Misrie, me degoûterent de l'Angleterre. Je repassai la mer, aprés les adieux les plus

plus tendres entre Guirlanne & moy. Le hazard me conduisit en ce lieu ; il me fit naître l'envie d'y achever mes tristes jours. Je me hâtai d'arriver en France avec mon fils, pour y vendre le peu de bien que m'avoit laissé mon pere, & je revins dans ces lieux, où je fis bâtir la maison que vous voyez. Il y a déja bien des années que je suis ici ; nous y vivons, mon fils & moy, dans une tranquilité dont les charmes sont au-dessus des plaisirs les plus bruyans du monde. Il ignore les passions aveugles qui precipitent dans tant de malheurs, & je fortifie l'innocence de son cœur par le juste mépris que je lui inspire pour la fortune.

L'inconnu finit là le recit de cette histoire, qui me parut mêlée d'évenemens si surprenans, que je voyois bien que je m'étois trompée quand j'avois crû que j'étois la seule dont les malheurs fussent infinis.

Aprés que Merville eut fini le recit de ses avantures, je lui dis qu'il étoit juste qu'il sçût à son tour les miennes, & qu'il jugeroit, en les apprenant, de la grandeur des chagrins dont j'étois occupée. Nous remîmes mon histoire au lendemain ; car il me proposa de rester quelques jours chez lui. J'acceptai sa proposition d'autant plus volontiers, qu'elle convenoit au dégoût que j'avois pour le monde. Nous nous couchâmes. Merville sembloit avoir pris la précaution de meubler plusieurs chambres pour pouvoir recevoir ceux que le hazard conduiroit dans sa solitude Je ne pus fermer l'œil de toute la nuit ; j'avois tant de sujets de reflexion sur les malheurs de ma vie, que je passai toute la nuit à me representer l'enchaînement qui les avoit attachez de si prés les uns aux aux autres.

Cependant comme je me ressouvins que le lendemain je devois les apprendre à Merville, je lui remarquois tant de noblesse d'ame dans ce qu'il m'avoit raconté des siens, tant d'honneur & de vertu dans toutes ses actions, que je ne crus rien risquer à lui avoüer mon sexe. Je ne lui en donnerai, disois-je en moy-même, que plus de compassion & d'amitié pour moy, & ses conseils me determineront sur le parti que je dois prendre.

Le jour vint, je me levai. Merville entra dans ma chambre avec son fils, & voyant que j'étois déja habillée, il me proposa d'aller nous asseoir sur le gazon, pour joüir de la fraîcheur du jour. Je le suivis, & nous allâmes nous asseoir sur l'herbe auprés de sa maison. Là je commençai le recit de mes avantures de cette maniere. Vous voyez, Merville, une fille infortunée, dont la vie n'est qu'un tissu d'évenemens presque inoüis. Jugez de toute l'estime que m'a donné pour vous le recit que vous m'avez fait, puisque je ne crains point de vous avoüer mon sexe.

Merville alors, par les discours les plus respectueux & les plus consolans, acheva de me confirmer ce que je pensois de lui.

Aprés ces mots, j'entrai dans le détail de toutes mes

avantures, que je finis par ma sortie de chez les paysans, qui m'avoit conduite dans la forêt où il m'avoit rencontrée.

Vous voyez, Seigneur, continuai-je, combien jusqu'ici j'ai vêcu malheureuse. Je ne veux plus m'exposer à retomber dans des dangers dont le souvenir me donne une horreur pour le commerce du monde. Dites-moy ce que vous pensez que je doive faire ; je vous declare déja que le genre de vie que vous avez choisi me fait envie ; j'y trouve des charmes infinis, & si j'osois me flater que vous voulussiez bien me recevoir avec vous, conservant l'habit qui déguise mon sexe, j'y coulerois le reste de mes jours.

Si cette solitude a de quoy vous plaire avec nous, me répondit Merville, non seulement, Madame, je vous l'offre & la partage avec vous, mais encore avec elle tous les services que vous pourriez attendre de moy. Il me doit être bien doux de vous les rendre si l'occasion s'en presente, &

d'employer le reste des jours que mes malheurs m'ont laissé, à secourir & obliger une Dame infortunée, que le sort semble n'avoir exposée à de si grands dangers, que pour prouver qu'il la respecte, puis qu'elle en est sortie. Vivez avec nous, Madame, soyez ici la maîtresse, & goûtez en paix. un calme que le bonheur le plus parfait ne sçauroit vous donner dans le monde.

Aprés ces mots, je lui marquai ma reconnoissance. Nous allâmes prendre dans sa maison un leger repas, & je me determinai à rester à la compagnie de ces deux solitaires. Mais, Fredelingue, continua Parmenie, si le sort eût borné les accidens de ma vie à mon arrivée dans cette solitude, je n'aurois jamais le plaisir que goûte un cœur en aimant un homme aimable, je ne vous aurois jamais connu. Voici ce qui m'obligea de quitter Merville. Après un mois de sejour dans sa retraite, son fils, ce jeune homme nourri dans la paisible innocence, dont le cœur ne connoissoit aucun des mouvemens qui troublent l'ame, sentit le sien s'attendrir pour moy; quand il eut appris mon sexe, il soûpira long-tems sans connoître son mal. Il me regardoit avec crainte; je le voyois souvent fixer ses regards sur moy, & les baisser aprés en rougissant. Tous les petits services qu'il trouvoit l'occasion de me rendre, il me les rendoit avec un empressement passionné, mais different cependant de ces empressemens que j'avois vûs dans les autres.

Je connus ce qu'il sentoit avant qu'il s'en apperçût lui-même. La connoissance que j'en eus m'en affligea; je me trouvois tranquille, j'étois heureuse, & je prévoyois que le fatal amour me chasseroit encore de cette retraite, qui sembloit devoir être à l'abri de ses coups.

Je m'eloignois souvent de Merville & de son fils, sous pretexte de rêver seule: mais en effet, pour tâcher d'éteindre insensiblement ce feu qui s'allumoit dans le cœur innocent de ce jeune homme. Enfin sa passion s'augmenta, il ne suivoit plus Merville qu'à regret; quand il voyoit que je me separois d'eux, il étoit inquiet, il tomboit dans une langueur qui se remarquoit sur son vilage ; & souvent dans ces momens il quittoit son pere , & me cherchoit dans la forêt avec une ardeur dont il se sentoit devoré. Il me rencontra un jour qu'il me cherchoit de cette maniere. Quand il me vit, il s'arrêta, en faisant un profond soûpir. Il y a longtems que je vous cherche,

Madame, me dit-il. Et que me voulez-vous, lui repartis-je ? Merville fouhaite-t-il de me voir ? Non, me répondit-il ; je l'ai laiffé prés d'ici lifant. Et pourquoy le quittez vous, lui dis-je d'un ton furpris ? Je ne fçai, dit alors ce jeune homme, dont le cœur étoit comme une victime innocente qu'accabloit l'amour ; je me fuis ennuyé d'être avec lui. Vous vous feparez toûjours de nous, & je ne fuis point content quand je ne vous vois pas. Ne nous quittez plus, Madame ; quel charme trouvez vous tant à être seule, & à nous chagriner mon pere & moy ? Vôtre pere, lui dis-je, est content pourveu que je la sois. Vous ne voulez donc rien faire pour moy, me répondit-il ? Je suis bien malheureux ; car si je pouvois vous faire plaisir, moy, je serois plus content que je ne l'ai jamais été. Mais, lui repartis-je, il ne faut point avoir un empressement pour les autres si grand, qu'on soit malheureux de ne pouvoir leur témoigner quand on le veut. Cela est vrai, dit ce jeune homme : mais il me semble qu'on n'est pas le maître de cela ; car si je pouvois m'en empêcher, je ne m'ennuyerois pas autant que je le fais depuis que je vous aime. Le fils de Merville prononça ce dernier mot avec une naïveté qui me fit une vraie pitié ; car sans en connoître tout le sens, il échapoit à son cœur. Depuis que vous m'aimez, m'écriai-je ! & faut-il m'aimer ? Ne vous souvenez-vous plus de tout ce que souffrent ceux qui aiment ? L'histoire de vôtre pere

pere & la mienne ne vous en instruisent-elles pas? Mais, Madame, est-ce ma faute si cela m'arrive, dit-il? Vous n'avez qu'à m'aimer autant que je le fais, & je n'aurai rien à craindre. Si vous vouliez, vous n'auriez pas grande peine à le faire; car je vous aime tant, que vôtre cœur en seroit touché.

Hé bien, lui dis-je alors, de peur d'irriter ce transport, dont la vive naïveté marquoit la violence, allez rejoindre vôtre pere, je vais vous suivre; & je vous promets de vous bien aimer. Ah Madame, s'écria alors ce jeune homme, quand je le verrai que j'aurai de joye! ne me trompez pas.

Il me quitta après ces mots. Je reflechis trés-tristement sur tout ce que je venois d'entendre, & je joignis Merville, dans la resolution de lui apprendre la passion de son fils, & la resolution où j'étois de le quitter, pour ne pas donner le tems à cet amour de se fortifier.

Je trouvai Merville qui

lisoit sous des arbres touffus. Son fils inquiet & attentif se levoit à tous momens pour regarder si je venois. Merville, en me voyant, me dit : Mon fils m'a dit qu'il vous avoit rencontrée, & que vous l'aviez assuré que vous veniez me joindre ; il étoit bien impatient que vous arrivassiez. Je lui suis obligée de son empressement, répondis-je à ce pere, qui ne soupçonnoit les impatiences de son fils que d'un effet d'une bonne amitié que ce jeune homme avoit pris pour moy. Je m'assis auprés d'eux, & nous parlâmes assez long-tems de choses indifferentes. Merville avoit beaucoup d'esprit, & l'experience que lui avoient donnée ses malheurs faisoit qu'il parloit de tout avec justesse & avec agrément. Nous nous levâmes pour nous en retourner à la maison, parce que le soleil finissoit. En me levant le fils de Merville s'approcha de moy, & me dit à l'oreille: Madame, souvenez-vous que vous m'avez promis de m'aimer, & cependant vous ne m'avez pas regardé une seule fois pendant la conversation.

Toutes ces choses acheverent de me prouver que sa passion étoit extrême, & que si je ne fuyois, j'allois sans doute payer de mille chagrins les obligations que j'avois à son pere. Je resolus de ne pas me coucher qu'il ne fût informé de l'amour de son fils. Aprés avoir mangé, je fis signe à Merville de faire en sorte que son fils nous quittât. Il entendit ce que je lui disois, & quelques momens aprés:

Mon fils, lui dit-il, allez vous repofer; car nous pourrons encore être ici long-tems Madame & moy. Je vous affure, mon pere, répondit ce jeune homme, que je n'ai nulle envie de dormir. Le fommeil ne fera pas long-tems à venir, dis-je alors en prenant la parole. Demain nous nous promenerons tant enfemble, que vous ferez recompenfé des momens que vous ne pafferez point ce foir avec nous. Ce jeune homme fe retira, & fon pere fut furpris de lui voir en s'en allant la larme à l'œil. Voi-ci, me dit-il, la premiere fois que je lui vois quelque chagrin. Merville, lui répondis-je à ce discours, il faut enfin que je vous quitte. Vous, Madame, s'écria Merville! & que vous ai-je fait pour vous obliger à fuir de cette paisible retraite? C'est vôtre fils qui me chasse, lui répondis-je; l'amour a surpris son cœur, il m'aime, mais avec une passion qui ne paroît sans emportement, que parce qu'il ne connoît point le mal qui l'agite. Helas! mes malheurs me suivent par-tout, & la fatalité s'en répand même jufques fur les autres. O amour, s'écria Merville en élevant les yeux au Ciel ! n'as-tu point affez épuifé tes fureurs fur le pere, fans prendre encore le fils pour victime ? Quoy dans une folitude affreufe, dans des bois, dans un tems où il ne connoît encore pour tous objets prefque que les arbres & le jour qui luit ! Mais achevez de me raconter fur quoy vous fondez ce que vous me dites.

Je lui appris alors tout
ce

ce que son fils m'avoit dit,
l'inquietude avec laquelle
il m'étoit venuë chercher.
Je le fis-ressouvenir de
cette impatience qu'il témoignoit en m'attendant,
de ses discours passionnez.
Enfin, continuai-je, vôtre
fils m'aime, son cœur est
blessé; son mal deviendroit
terrible si je restois avec
vous, & je vous quitte dés
demain, pour aller dans
une autre solitude passer
toute seule uñe vie dont la
societé vous devient fu-
neste.

Merville combattit ma

resolution. Je voyois qu'il étoit au desespoir de l'amour de son fils, & que jugeant bien de la necessité de mon départ, il avoit cependant de la peine à se resoudre à me perdre.

Le lendemain je me levai le plus matin qu'il me fut possible, & je trouvai Merville, en sortant de ma chambre, qui se preparoit à y entrer. Il n'est pas besoin, lui dis-je, que vôtre fils soit averti de mon départ, Merville, & pendant que le sommeil le retient encore dans son lit, il est à propos que je vous quitte.

En difant ces mots, nous fortîmes à quelques pas de la maifon; mais quel fut nôtre étonnement, quand nous apperçûmes fon fils entre des arbres, qui tenoit en fes mains un mouchoir, qu'il baifoit avec une ardeur la plus paffionnée! Je jugeai auffitôt que c'étoit un mouchoir que j'avois perdu le jour d'auparavant. En nous en revenant le foir à la maifon de Merville, ce jeune homme l'avoit ramaffé, & fon cœur lui apprit l'ufage que l'amour en pouvoit faire.

Je dis ce que j'en sçavois à Merville, qui me parut au desespoir de voir déja son fils occupé d'une passion qui pouvoit avoir de tristes suites. Cependant ce jeune homme retourna la tête, & nous vit; il se hâta de cacher le mouchoir qu'il tenoit, & nous aborda. Vous vous êtes aujourd'hui levé de bon matin, mon fils, lui dit son pere. Je me couchai hier de si bonne heure, repartit ce jeune homme, que je me suis réveillé aujourd'hui plûtôt qu'à l'ordinaire. Parmenie va nous quitter, lui dit alors Merville ; en vain m'efforçai-je de la retenir, je ne puis l'arrêter davantage en ces lieux. Parmenie nous quitte, repartit ce jeune homme ! Ah mon pere ! & comment à préfent pourrons-nous rester ici tout feuls ? Nous perdons fans doute beaucoup, répondit Merville : mais, mon fils, nous n'avons pas toûjours eu le bonheur d'avoir avec nous Parmenie, & les fituations de la vie ne font pas toûjours égales. Pendant que Merville prononçoit ces mots, son fils ne put retenir ses larmes. Quoy, Madame, me dit-il alors, je ne vous verrois plus ? Non, mon pere; si vous ne l'arrêtez, je mourrai de douleur, & vous serez bientôt dans ces lieux tout seul. Merville n'eut pas la force de répondre à ce discours. Saisi & penetré du malheur de son fils, il jugea que sa réponse ne feroit qu'irriter sa douleur. Consolez-vous, dis-je alors à ce jeune homme; si quelques jours de sejour avec vous vous ont donné l'habitude de me voir, cette habitude s'effacera par le tems & dans la compagnie de vôtre pere. Ah Madame, répondit-il, j'aime toûjours mon pere également : mais cela n'empêchera pas que je ne meurs, si nous ne vous suivons pas. Nous lui dîmes encore bien des choses pour calmer son chagrin ; & j'étois déja prête à monter à cheval, quand se jettant à mes genoux : Vous ne partirez pas, me dit-il, que vous ne m'ayez vû expirer ; je ne puis plus vivre sans vous, je ne puis vous oublier ; vous déchirez mon cœur, ayez pitié de moy, Madame. Et vous, mon pere, si ma vie vous est chere, ah! que Parmenie ne nous quitte point ; ou s'il faut absolument qu'elle parte, suivons-la : que faire sans elle dans cette solitude, qui me paroît maintenant épouvantable ? Allons, mon pere, allons mourir en la servant. Les sanglots arrêterent sa voix aprés ces paroles. Ah, Madame, s'écria le pere, dans quel état me laissez-vous mon fils ?

Pendant que le pere difoit ces mots, je me hâtai, fans répondre, de monter à cheval, & je m'éloignai avec une vîteffe extreme. Ce jeune homme fe jetta alors à terre, fit les cris les plus douloureux ; le cruel amour lui faifoit déja detefter la vie, j'entendois qu'il appelloit la mort à fon fecours; il faifoit retentir la forêt de mon nom. Je foûpirai des maux que j'avois apportez dans cette folitude, & je m'éloignai, fans fçavoir où me guidoient mes pas.

Fin du quatriéme Tome.

PRIVILEGE DU ROY.

LOUIS, par la grace de Dieu Roy de France & de Navarre: A nos amez & feaux Conseillers les Gens tenans nos Cours de Parlement, Maîtres des Requêtes ordinaires de nôtre Hôtel, Grand Conseil, Prevôt de Paris, Baillifs, Senechaux, leurs Lieutenans Civils, & autres nos Justiciers qu'il appartiendra, Salut. PIERRE HUET, Libraire à Paris, Nous ayant fait remontrer qu'il desireroit donner au Public *Les Avantures de *** ou les effets surprenans de la sympathie*, s'il Nous plaisoit lui accorder nos Lettres de Privilege sur ce necessaires; Nous avons permis & permettons par ces Presentes audit Hüet de faire imprimer ledit Livre en telle forme, marge, caractere, conjointement ou separément, & autant de fois que bon lui semblera, & de le vendre, faire vendre & debiter par tout nôtre Royaume, pendant le tems de trois années consecutives, à compter du jour de la datte desdites Presentes. Faisons défenses à toutes personnes, de quelque qualité & condition qu'elles soient, d'en introduire d'impression étrangere dans aucun lieu de nôtre obeïssance; & à tous Imprimeurs, Libraires & autres d'imprimer, faire imprimer, vendre, faire vendre, debiter, ni contrefaire ledit Livre en tout ni en partie, sans la permission expresse & par écrit dudit Exposant, ou de ceux qui auront droit de lui ; à peine de confiscation des exemplaires contrefaits, de quinze cent livres d'amende contre chacun des contrevenans, dont un tiers à Nous, un tiers à l'Hôtel-Dieu de Paris, l'autre tiers audit Exposant, & de tous dépens, dommages & intérêts. A la charge que ces Presentes feront enregistrées tout au long sur le Regiftre de la Communauté des Imprimeurs & Libraires de Paris, & ce dans trois mois de la datte d'icelles ; que l'impression dudit Livre fera faite dans nôtre Royaume, & non ailleurs, en bon papier & en beaux caracteres, conformément aux Reglemens de la Librairie ; & qu'avant que de l'exposer en vente, il en fera mis deux exemplaires dans nôtre Bibliotheque publique, un dans celle de nôtre Château du Louvre, & un dans celle de nôtre trés-cher & feal Chevalier Chancelier de France le Sieur Phelypeaux, Comte de Pontchartrain, Commandeur de nos Ordres. Le tout à peine de nullité des Presentes ; du contenu desquelles vous mandons & enjoignons de faire joüir l'Exposant ou ſes ayans cauſe pleinement & paifiblement, fans fouffrir qu'il leur ſoit fait aucun trouble ou empêchement. Voulons que la copie desdites Presentes, qui sera imprimée au commencement ou à la fin dudit Livre, soit tenuë pour dûëment signifiée, & qu'aux copies collationnées par l'un de nos amez & feaux Conseillers & Secretaires foy soit ajoûtée comme à l'original. Commandons au premier nôtre Huissier ou Sergent de faire pour l'execution d'icelles tous actes requis & necessaires, sans demander autre permission, & nonobstant Clameur de Haro, Chartre Normande, & Lettres à ce contraires; Car tel est nôtre plaisir. Donné à Fontainebleau le septiéme jour du mois d'Août, l'an de grace mil sept cent douze, & de nôtre Regne le soixante-diziéme. Signé, Par le Roy en son Conseil, DE S. HILAIRE, & scéllé du grand Sceau de Cire jaune.

Registré sur le Registre n. 365. de la Communauté des Imprimeurs & Libraires de Paris, page 497. n. 501. conformément aux Reglemens, & notamment à l'Arrêt du 13. Août 1703. A Paris ce vingt-sixiéme jour du mois d'Août 1712.

Signé, L. JOSSE, *Syndic.*

www.ingramcontent.com/pod-product-compliance
Lightning Source LLC
Chambersburg PA
CBHW050338170426
43200CB00009BA/1647